JULIEN FREUND

L'Europe décadente ?

JULIEN FREUND

L'Europe décadente ?

Préface de Serge Sur

Edition EuroPOLIS

IMPRESSUM

2020

Hackescher Markt 4, 10178 Berlin

Umschlaggestaltung: Inga Kerber
Abbildung Umschlag: Valentin Alexandrowitsch Serow
(1865–1911). „Raub der Europa", 1910.
Gesamtherstellung: verbum GmbH, Berlin

ISBN 978-3-9820256-0-5
ISSN 2193-5289

A la mémoire de Charles Vallée,
ancien directeur des études de l'ENA,
ancien président-directeur-général des éditions Dalloz,
Maître et ami

PRÉFACE

On connaît Julien Freund comme disciple de Raymond Aron, qui a dirigé et apprécié sa thèse sur l'essence du politique. On le connaît aussi comme l'un de ceux qui ont dialogué avec Carl Schmitt, alors que celui-ci était un réprouvé pour ses liens anciens avec le régime nazi. Homme de culture, et même d'érudition, Julien Freund était aussi un homme d'ouverture, et les influences qu'il a acceptées comprennent aussi bien Schmitt que Max Weber, dont il a été l'un des introducteurs en France, ou Vilfredo Pareto. La décadence est l'un des derniers livres publiés de son vivant, parmi d'abondantes publications. Il clôt une vie d'étude et de réflexion, et sans doute porte-t-il la trace d'une sorte de mélancolie historique. Mélancolie historique à laquelle la rupture universitaire de Mai 68 n'est pas étrangère. Elle a beaucoup affecté le professeur de l'Université de Strasbourg qu'il était. On se souvient que cette université était le foyer des Situationnistes de Strasbourg, mouvement contestataire original, mélange de surréalisme et de freudo-marxisme qui pratiquait aussi bien l'imprécation que la dérision. Leur influence intellectuelle a été importante en milieu étudiant en France à cette époque. Toutefois, même si la biographie de Julien Freund influe sur sa perception du monde, on doit distinguer l'homme et son œuvre. Autant le parcours de l'homme, de l'universitaire, est respectable, autant sa pensée, que ce soit dans la décadence ou ailleurs, est contestable – mais contestable, cela veut aussi dire intéressante, comme stimulant la disputatio.

Julien Freund (1921–1993) est un Mosellan, resté toujours attaché à sa terre natale. Il a accompli l'essentiel de sa carrière en Alsace, à l'Université de Strasbourg essentiellement. Les vicissitudes familiales l'ont conduit à suivre un cursus académique assez lent et tourmenté, y compris du fait du repli de l'université à Clermont-Ferrand durant l'Occupation. Il est très vite devenu Résistant, et pas Résistant de papier puisqu'il a achevé cette période dans un maquis après s'être évadé des geôles de Vichy. Il a combattu aux côtés des Francs – tireurs et Partisans (FTP), d'obédience communiste. Mais il n'a pas été tenté, à la différence de nombreux intellectuels français de cette époque, par l'idéologie marxiste. Il était trop indépendant pour se rallier à une doctrine totalitaire. Il est resté fidèle à un libéralisme conservateur qui lui permettait de considérer avec équanimité tous les courants de pensée – ce qui ne signifie pas scepticisme mais liberté de jugement. Sur ce plan et même si ses points de vue sont différents, on pourrait le comparer à Albert Thibaudet. A l'instar de Raymond Aron, ses analyses le rendaient anticommuniste, dans le climat de la guerre froide qui prévalait alors. Sans doute, comme son illustre maître, surestimait-il la puissance et les intentions guerrières de l'URSS. Mai 68 a dû lui apparaître comme renforçant l'ombre de la menace communiste sur l'Europe occidentale. Son hostilité à l'évolution universitaire, qui pourrait résumer ce qu'était à ses yeux la décadence, l'a conduit à prendre une retraite anticipée et c'est dans la solitude et le silence de son cabinet qu'il a écrit l'ouvrage qu'il y consacre.

Si l'on passe maintenant à sa pensée, il convient de rappeler qu'elle est encore un exemple du moment allemand de la pensée française. Parfaitement bilingue, auteur de divers textes publiés en allemand, traducteur de Max Weber, Julien Freund circulait avec aisance entre les deux cultures. Sa Résistance ne l'a pas empêché, à l'instar d'un Robert Schuman, de soutenir le rapprochement franco-allemand et de faire de ce gaulliste de guerre un partisan de la construction européenne. Si l'on se concentre sur La décadence, livre un peu crépusculaire, on est d'un côté impressionné et séduit par l'ampleur des connaissances, par l'érudition dont il témoigne, par la facilité avec laquelle il manie faits et concepts historiques dans une sorte d'encyclopédie, et d'un autre peu convaincu par la dimension systématique du concept de décadence, et plus précisément, par la thèse suivant laquelle l'Europe occidentale serait en décadence, que ce soit dans les années 1980 ou aujourd'hui. C'est pourquoi, plus que de la sociologie, cet ouvrage relève de l'histoire des idées politiques et s'inscrit au nombre de ceux, qui depuis fort longtemps, ont soutenu cette thèse. L'histoire y apparaît comme une sorte de danse macabre, un cimetière des cultures et des peuples où s'entassent empires disparus et sociétés évanouies. On le sait, cette thèse n'est pas nouvelle, et les auteurs qui l'ont soutenue ont jalonné les temps. Le mérite de La décadence est d'en faire une sorte de synthèse en l'appliquant à notre époque et à notre petite péninsule eurasiatique. Voilà ce que l'ouvrage invite à considérer, et ce que l'on peut contester.

Dans ce cadre restreint, on ne peut entrer dans une discussion analytique d'un ouvrage touffu, parfois bavard ou répétitif. On peut seulement relever quelques concepts que l'on peut considérer comme confus, et leur ajouter quelques distinctions qui en précisent le sens. Ainsi, le concept même de décadence. Freund parle indifféremment de déclin et de décadence. Or ce sont deux notions différentes. Pour une société, la décadence est destructrice et irréversible, même si sur ses ruines peut se constituer une nouvelle sociabilité. Le déclin en revanche est relatif, réversible, lié à la montée d'autres sociétés qui deviennent dominantes, non seulement comme puissances mais aussi comme modèles. L'Europe peut-elle être considérée comme décadente ou comme déclinante ? Décadente, certainement pas. N'est-elle pas aujourd'hui plus juste, plus solidaire, plus prospère, n'offre-t-elle pas aux individus plus d'épanouissement que voici un siècle ? Vaut-il mieux être citoyen d'un Etat libre que sujet plus ou moins asservi d'un royaume féodal ? Au fond, cette thèse traduit le pessimisme de ses zélateurs, qui tendent à se considérer comme une aristocratie condamnée et déplorent les nouveaux temps. Dans un film de 1951, *Belles de nuit*, René Clair illustre cette attitude. On y assiste à un voyage régressif dans le temps, et à chaque étape du passé on retrouve le même vieillard, qui déplore la décadence de son temps, et rappelle les plaisirs de son époque – lorsqu'il avait vingt ans. On se rapporte alors à cette période et l'on y découvre un monde qui n'était pas moins tourmenté, de proche en proche jusqu'à la préhistoire.

Car s'il y a décadence, où est l'âge d'or ? Est-ce l'Ancien régime par rapport à la Révolution ? Talleyrand écrivait que celui qui n'avait pas connu les dernières années de l'Ancien Régime n'avait pas connu la douceur de vivre... mais quelques décennies plus tôt, le duc de Saint-Simon illustrait dans ses *Mémoires* l'affreuse décadence de la monarchie et de la Cour de Louis XIV, en prédisant que tout cela allait périr. Périr en effet, c'est le destin de toute génération et de ses références, des formes particulières de sa sociabilité. Car toute société est constituée par des liens qui se font et se défont, se composent et se recomposent au rythme de la succession des générations. De sorte que, à côté de la succession comme moteur des sociétés et de l'histoire, il existe une évolution, plus lente, plus collective. C'est donc l'évolution, notion objective, qu'il convient de substituer à celle de décadence, qui comporte un jugement de valeur et met l'accent sur ses aspects négatifs. Or toute société comporte à tout moment des éléments de sociabilité positifs, et d'autres négatifs. Pourquoi faire de la négativité le ressort de l'histoire ? Les trous noirs sont-ils le tout de l'univers ? L'entropie serait-elle plus forte que la dynamique des sociétés ? Concrètement, si l'on compare l'Europe du temps de La décadence et l'Europe actuelle, peut-on considérer comme signes de décadence la chute du communisme, l'expansion de la démocratie, la révolution internet et ses multiples applications ? On peut soutenir que l'Europe a décliné, que son rôle est affaibli dans les affaires du monde par rapport aux puissances dominantes, qu'elle n'est plus le foyer de la création scientifique et technologique. Elle n'est pas pour autant décadente. Rien n'est certes acquis et des éléments négatifs sont bien présents, mais elle demeure l'espace et le modèle où l'on vit le mieux.

Alors on ne saurait nier que des sociétés ont disparu, ont été détruites, effacées de l'histoire et n'occupent plus que bibliothèques et musées. « Nous autres civilisations, nous savons maintenant que nous sommes mortelles » , écrivait Paul Valéry. Sans doute, à condition de substituer le terme de culture à celui de civilisation. Les cultures sont en effet vernaculaires, elles tendent à fixer et à rigidifier leurs codes, leur sociabilité, leur rapport au monde. C'est ce qui les rend mortelles parce qu'elles deviennent incapables de s'adapter, et leur coexistence évoque les carrés séparés dans les cimetières. En revanche, la civilisation est sans cesse en mouvement, parce qu'elle se développe par son propre dépassement, par la contestation qu'elle accepte en son sein. Elle est ainsi nomade, mobile, autant dans l'espace que dans le temps. Elle n'efface pas pour autant le passé mais s'en nourrit – ainsi l'héritage gréco-romain de la civilisation occidentale, ou son héritage judéo-chrétien. La civilisation ne se détruit pas, elle se métamorphose, elle est véhiculaire en créant son propre espace, développé par sa dynamique interne. On peut éprouver de la nostalgie pour les formes anciennes, une délectation morose, une esthétique de feuilles mortes. L'érudition est souvent liée à ce type d'attitude, comme si le passé ne passait jamais et qu'il fallait en conserver tous les fétiches. Elle a aussi une dimension narcissique. Elle est une activité intellectuelle obsessionnelle, elle évite souvent de penser, elle entasse et ressasse, elle remplace la réflexion par l'accumulation de données mortes, elle prend une dimension rhapsodique.

Dans *La décadence*, on trouve aussi trace de la conception de la politique que Julien Freund doit largement à Carl Schmitt, la distinction de l'ami et de l'ennemi comme critère du politique. Voilà qui complète la panoplie pessimiste du décadentisme, en confondant la politique et la polémique – opposition qu'utilisait déjà Plutarque. On mesure la proximité de cette analyse avec la pensée de Clausewitz, la guerre comme continuation de la politique par d'autres moyens – en l'occurrence, la politique continuation de la guerre par d'autres moyens . Les sociétés seraient ainsi naturellement polémiques. C'est là une fâcheuse confusion entre la politique et la guerre. Si l'on suit cette analyse, un succès politique ne peut reposer que sur l'écrasement de l'adversaire. On ne sera pas surpris que les sociétés qui partagent cette conception soient vouées à la dictature ou à l'autodestruction, en fait aux deux comme l'Europe clausewitzienne l'a vécu avec deux guerres mondiales. Nous en sommes bien loin aujourd'hui. Les sociétés politiques règlent leurs divergences internes par des voies pacifiques, comme le font désormais les sociétés d'Europe occidentale. Et même historiquement, Henri IV accordant l'édit de Nantes aux protestants, apaisant ainsi les guerres de religion, n'était-il pas plus politique que Louis XIV le révoquant, réveillant ainsi les démons de l'intolérance ? L'évolution a en définitive été positive – positif est un terme préférable à celui de « progrès » , aussi idéologique que celui de décadence, et critiqué justement par Julien Freund – mais il ne va pas jusqu'au bout de sa logique, puisque progrès et décadence sont en miroir.

La politique, contrairement à la thèse de Carl Schmitt appuyée par Julien Freund, a vocation à rassembler autour d'une conception de l'intérêt général qui solidarise une société. Et si elle se développe dans un esprit de civilisation, elle reste toujours ouverte aux oppositions, aux courants nouveaux, aux changements scientifiques et technologiques. On doit se féliciter que sur ce point le pessimisme de Julien Freund ait été démenti. Son ouvrage reste un témoin, un jalon de la pensée décadentiste, qu'il est bon de connaître si l'on veut la dépasser. Si l'on en revient à la psychologie, ce livre ne doit-il pas à la solitude volontaire de son auteur, nostalgique et désenchanté, auquel on aurait pu rappeler cet autre mot de Paul Valéry : « L'homme seul est toujours en mauvaise compagnie » ? Julien Freund est cependant en bonne compagnie avec cette traduction de Markus C. Kerber qui, sans partager nécessairement ses thèses, les a traduites à l'intention des lecteurs germanophones.[1] Freund et son traducteur sont des esprits transfrontaliers. Voici un point commun entre Julien Freund et Markus C. Kerber. Pour réussir l'Europe, des passeurs d'idées entre nos deux nations sont indispensables.

Serge Sur
Professeur émérite
de l'Université Panthéon-Assas (Paris 2)

1 Le traducteur remercie Eva Léandre de son précieux soutien

L'EUROPE DÉCADENTE ?

A cette question, je réponds sans hésitation : oui. Il ne s'agit cependant pas d'un verdict sans appel, mais d'un jugement qui s'appuie sur une interprétation critique d'un certain nombre de données historiques. Et puisqu'il s'agit d'une interprétation, je conçois parfaitement qu'elle puisse choquer ou même révolter les adeptes du progrès indéfini. Toutefois, leur contestation ne peut être à son tour qu'une interprétation qui se réfère à d'autres repères. En effet, pas plus qu'il n'y a de décadence absolue, il n'y a pas non plus de progrès absolu, car dans les deux cas nous sommes en présence d'un choix de repères, mais différent. Le problème à poser est donc celui de la sélection la plus judicieuse possible des éléments de l'interprétation, en évitant les professions de foi idéologiques et les préventions partisanes. Cette attitude est difficile à tenir, parce qu'à notre époque, les intellectuels professionnels classent en général, sans discernement, parmi les réactionnaires et les conservateurs ceux qui introduisent dans leur réflexion la notion de décadence, sous prétexte qu'ils se situeraient en dehors du cours de l'histoire. En réalité, tout jugement approbateur ou négateur de la décadence se fonde sur une conception de l'histoire en général. En tout cas, il n'est pas vrai que le partisan du progrès aurait nécessairement une vision optimiste de l'avenir, car, à beaucoup d'égards, elle est foncièrement pessimiste. Le débat que j'entends soulever dans cette conclusion concerne donc inévitablement l'interprétation possible du monde et de l'histoire, ce qui veut dire que celui qui croit inconditionnellement au progrès, peu importe sous quelle forme, celle de l'accumulation ou celle de la révolution, se fait aussi une conception inconditionnelle et non critique du cours des choses, parce qu'il ignore ou méconnaît l'importance épistémologique de la démarche qu'est l'interprétation.

J'ose espérer que mes adversaires m'accorderont que la notion de décadence est une catégorie fondamentale de l'interprétation historique. A moins de nier toute l'histoire passée, il faut bien admettre que l'Egypte des Pharaons a disparu, ainsi que l'Empire romain et celui des Incas, que l'Espagne et le Portugal, qui contrôlaient au XVIE siècle presque toutes les possessions découvertes par les explorateurs, ont perdu par la suite cette domination, ou encore que l'Angleterre n'est plus la puissance qu'elle était encore au début de ce siècle. La décadence n'exprime rien d'autre que le fait qu'il y a des variations dans l'histoire des peuples, parce qu'aucun ne demeure à jamais dans un état définitivement figé. Ces variations peuvent provenir d'un accroissement de puissance ou au contraire de son affaiblissement, c'est-à-dire d'une dégradation par rapport à un état antérieur qui sert de repère. Autrement dit, l'historiographie ne saurait se passer du concept de décadence, à moins de considérer l'histoire comme une succession plate d'événements uniformes, auquel cas on pourrait se demander s'il existe encore une histoire.

Le passé des peuples ne nous devient donc intelligible que si nous l'interprétons aussi au moyen de la catégorie de décadence. La contestation de cette façon de voir est née avec l'apparition de la croyance au progrès, au sens où l'humanité dans sa totalité se développerait nécessairement dans le sens d'une constante progression vers le mieux, c'est-à-dire ne cesserait de se perfectionner. La Querelle des Anciens et des Modernes a vulgarisé cette idée que l'on trouve déjà chez plusieurs auteurs antérieurs, par exemple dans le *Fragment d'un Traité sur le Vide de Pascal.* Nous reprendrons plus loin cette question de la décadence et du progrès. Cependant, dès maintenant, nous pouvons nous demander : par quel miracle le progrès indéfini pourrait-il supprimer l'expérience historique constante de la décadence ? Comment pouvons-nous, sur la base du court règne de l'idéologie du progrès, préjuger de toute la suite de l'histoire à venir, en occultant en plus les millénaires d'histoire vécue par les hommes ? L'Angleterre qui fut à la pointe du progrès n'a pas été épargnée par la décadence. Il est donc difficile de comprendre qu'une variation, qui a depuis toujours gouverné l'histoire des peuples, puisse disparaître subitement, comme par enchantement.

Il faudrait dans ce cas supposer la possibilité de faire surgir un point zéro dans le temps, à partir duquel commencerait une autre histoire qui condamnerait celle que les hommes ont vécu jusqu'à ce jour à l'enfer. Mais cette autre histoire ne présupposerait-elle pas d'autres êtres que les hommes ?

Si la décadence a frappé jusqu'à présent tous les peuples ou plutôt toutes les civilisations de la terre, il n'est pas injurieux de nous demander si nous ne sommes pas entrés dans la voie du déclin. Pourquoi l'Europe échapperait-elle à une variation qui constitue un phénomène historique universel ? La question semble d'autant plus pertinente que, en analysant les écrits des témoins directs de décadences antérieures ou ceux des historiens qui ont essayé par la suite d'expliquer et de comprendre ces déclins, on ne peut s'empêcher de faire des rapprochements avec notre situation actuelle. Il est vrai que, si nous employons la terminologie de P. Chaunu, il n'y a eu que peu de décadences « objectives » ou radicales, par contre les « décadences partielles » sont aussi nombreuses qu'il y a eu de peuples sur terre. Ne parle-t-on pas d'une décadence des Pygmées et des Hottentots ? Toute civilisation s'affaiblit, comme si elle était fatiguée, parfois en se transformant progressivement en une civilisation d'un autre type, en général sous l'effet d'apports allogènes. C'est en ce sens que la civilisation romaine a été l'héritière de la civilisation grecque déclinante, étant entendu que les Romains ont contribué à sa dégénérescence. Le premier point à considérer est donc le suivant : si nous nous référons aux symptômes connus des décadences antérieures ne sommes-nous pas menacés d'un déclin analogue ?

Mais il est une autre considération historico-sociologique tout aussi importante : aucune décadence ne ressemble strictement à une autre, parce que chacune s'est déroulée dans un contexte historique singulier. S'il est vrai que la civilisation européenne est entrée dans son déclin, il y a lieu d'analyser la particularité de la constellation historique dans laquelle l'événement se développe. En effet, la décadence européenne en cours n'est pas la simple répétition de l'une ou l'autre décadence antérieure. C'est à ce propos qu'il faut faire intervenir la notion de progrès parce qu'elle est déterminante pour comprendre, la nature du déclin qui se produit sous nos yeux. Et peut-être pourrons-nous, dans ces conditions, faire un certain nombre de conjectures plausibles concernant l'avenir, sans tomber dans la grandiloquence prophétique.

1. Un inventaire succinct

Au regard des analyses précédentes et en accord avec notre premier chapitre, on emploie le terme de décadence au sens propre pour désigner trois sortes de phénomènes, qui correspondent à l'expérience historique que nous avons des variations que nous appelons de ce nom. Tout d'abord la disparition totale, à part quelques traces exhumées par les archéologues ou ethnologues, d'une civilisation et du peuple qui la portait. Nous connaissons de cette façon les civilisations qui ont précédé celle des Incas ou des Aztèques ou encore celle des Hittites. Nous parlerons dans ce cas d'une décadence catastrophique. En second lieu l'écroulement d'une civilisation, mais qui est passée par héritage dans d'autres civilisations, par la voie cependant d'autres structures politiques, économiques ou techniques. Les pays européens sont en ce sens les successeurs de l'Empire romain et les Iraniens des anciens Perses. Il demeure dans ce cas de multiples survivances de la civilisation disparue. Nous parlerons à ce propos de décadence partielle. Enfin, il arrive que dans une même civilisation certains aspects tombent en désuétude, sans que l'esprit général soit modifié en profondeur ou en substance. Il s'agit dans ce cas d'une décadence fragmentaire, au sens où il y a eu déclin du style roman ou du régime monarchique en Europe, ou encore au sens où K. Polanyi par exemple parle dans un chapitre d'un de ses ouvrages de la « grandeur et décadence de l'économie de marché »[1]. Il n'y a pas eu éclipse de ce genre d'économie, mais réduction de son application. On continue de nos jours de s'inspirer du style roman tout comme il subsiste toujours des monarchies.

Si nous considérons maintenant, non plus les phénomènes historiques concrets de décadence, mais les théories philosophico-sociologiques qui essaient de les expliquer, nous avons affaire également à trois types de théories. Selon la première, la théorie cyclique, l'univers passerait comme tel par diverses phases ou âges de montée et de déclin qui se succéderaient à l'infini. En général, ces théories estiment que le monde est éternel, par exemple celles des philosophies présocratiques. Mais elles peuvent également, à l'image de celle de Vico, inscrire cette succession des cycles entre la création du monde et une fin des temps. La seconde, de nature apocalyptique, est d'orientation plutôt religieuse. Le monde, considéré comme une vallée de larmes pour des pélerins sur cette terre, est voué à l'anéantissement total qui coïnciderait avec la parousie, une sorte de retour dans l'éternité à l'innocence originelle de la création dans le Paradis. La troisième, la plus courante aujourd'hui, je l'appellerais la théorie ondulatoire. Les peuples et les civilisations particulières passent par des périodes différentes de croissance, d'apogée et de décadence. Il ne s'agit plus de théories cosmologiques qui portent sur le destin de l'univers, mais de théories qui se disent historiques, du fait qu'elles limitent leurs explications aux collectivités repérées dans l'histoire. Elles comportent plusieurs versions, par exemple la version organique qui assimile la vie d'un peuple aux âges de la vie individuelle (naissance, enfance, jeunesse, maturité, vieillesse et mort), la version oscillatoire qui fait de la chute d'une civilisation la condition de la naissance d'une autre ou la version rythmique qui fait suivre une renaissance à la décadence. Somme toute, l'histoire est le théâtre de la succession de civilisations qui, après avoir été florissantes, déclinent.

1 K. Polanyi, *La grande tranformation*, Paris, Gallimard, 1972.

En général, la décadence est perçue comme un événement funeste, un malheur, parce qu'elle serait le signe d'une décomposition intérieure de la société avec son cortège de corruptions matérielles, de désarrois spirituels et de violences arbitraires, ainsi que le symptôme d'un affaiblissement qui conduit à la perte de l'indépendance d'une unité politique. Toutefois, il est d'autres appréciations qui voient en elle une valeur positive. Pour les chrétiens le déclin et l'anéantissement du monde serait l'annonce de l'épiphanie universelle qui ferait accéder l'humanité entière au royaume de Dieu et qui nous délivrerait à jamais des tribulations et des détresses de la vie terrestre. Dans un esprit plus païen, certains auteurs modernes estiment que la décadence serait une période de libération de toutes les contraintes, de toutes les règles, une sorte d'ouverture à la liberté tous azimuths qui nous affranchirait du sérieux pesant de la vie en société. Plutôt que de se lamenter, il faudrait se complaire dans ces instants de relaxation hygiénique, sans trop se préoccuper des conséquences. S'agit-il même d'une décadence ? Maffesoli par exemple le conteste, du fait que ce que nous appelons ainsi nous aide à retrouver un sens nouveau et plus allègre des choses. Il précise dans son ouvrage, *L'ombre de Dionysos*, que la destruction actuelle des sociétés, même sous l'action de la violence, a pour effet de mettre fin à l'aseptisation de la vie sociale sur la base des impératifs du travail, de la réglementation et de la rationalisation, et de nous faire redécouvrir ce qu'il y a de souterrain et d'archaïque dans les collectivités domestiquées outrageusement par des mœurs rigides. Il s'agit donc de réhabiliter la fonction passionnelle, y compris sa dimension orgiaque, ce que l'on appelle décadence est en réalité une redécouverte du nocturne jusqu'à présent dissimulé par le régime diurne de la civilisation : « Les civilisations peuvent changer, il est quelques constantes qui, elles, sont invariables. Et certaines, après avoir été bridées, ressurgissent aussi fringantes et inchangées que par devant. Ce que j'ai appelé l'*hédonisme populaire* est certainement du nombre »[2]. Dans le fond, aux yeux de Maffesoli, il n'y a pas de décadence, car elle n'est que l'illusion intellectuelle de ceux qui s'accrochent à des formes périmées et qui privilégient la production, la raison logique et les vertus exemplaires au mépris des droits du plaisir.

Indéniablement, en tant que sociologue de la vie contemporaine, Maffesoli décrit en la théorétisant mais également en l'assumant, une disposition puissante qui dope de nombreux esprits de notre époque et qui a tendance à se généraliser. En tant que description, sa relation est sans conteste pertinente, mais en y adhérant, il en devient en quelque sorte le prisonnier, du fait qu'il écarte les conséquences prévisibles de cet état d'esprit. En elle-même cette condition dionysiaque est attrayante, mais elle ne dure guère. Au demeurant, elle n'est pas inédite, parce qu'elle a été partagée par de nombreux êtres aux diverses époques de décadences antérieures, sauf que de nos jours elle donne lieu à une prise de conscience plus cohérente pour la bonne raison qu'on essaie de la rationaliser. En effet, Maffesoli fait une œuvre de rationalisation du style orgiaque. Si la décadence a été considérée depuis toujours comme un événement funeste, ce n'est pas en tant qu'elle préconise des hardiesses libertaires, mais à cause de ses aboutissants malheureux et redoutables. On pourrait éventuellement se satisfaire de cet état s'il était durable, mais, ainsi que l'histoire nous l'apprend sans cesse, ceux qui en jouissent deviennent, à plus où moins brève échéance, les victimes d'une réaction contraire qui les asservit d'autant plus durement qu'ils ont été plus désinvoltes. Le sociologue qui ne se limite pas à la description de son époque mais qui essaie de donner une dimension historique à ses analyses ne peut que reconnaître qu'une décadence n'est qu'un épisode plus ou moins court qui annonce un retournement brutal et pénible de la situation. On ne saurait donc oblitérer pour l'agrément d'une situation éphémère

---

2 M. Maffesoli, *L'ombre de Dionysos*, Paris, Méridiens/Anthropos, 1982, p. 208.

les conséquences qui non seulement l'abrogeront rapidement, mais instaureront en général un régime qui la désavouera sans pardon. La décadence ni le charme orgiaque n'échappent à la dure réalité du paradoxe des conséquences.

Ainsi considéré, l'ouvrage de Maffesoli, mais aussi ceux de J. Beaudrillard, peuvent passer pour un exposé d'un des symptômes de la décadence, qu'il conviendrait d'intégrer dans une étiologie plus générale. Nous avons dit que la réponse à la question : sommes-nous en décadence ? se prête à la méthode qui consiste à comparer la situation actuelle à celles qu'ont relatées les témoins des décadences révolues et les historiens qui ont essayé de les expliquer. Avant de nous engager dans cette direction il convient de faire brièvement quelques remarques préalables. La sémiologie de la décadence utilise volontiers les métaphores pour cerner un processus qui, parce qu'il est complexe et obscur, n'est accessible à une certaine rigueur que grâce à ce moyen. Les images empruntées à la biologie sont, comme nous l'avons vu, fort nombreuses. En effet, le repérage direct des symptômes se heurte à l'enchevêtrement des corrélations[3]. Par ailleurs, il serait prétentieux de croire que l'on pourrait dresser un tableau exhaustif des causes. Pour éviter la pédanterie d'une amplification par énumération des détails nous regrouperons sous quelques rubriques les indices que les historiens considèrent comme les plus saillants. En conséquence, nous ne discuterons par la thèse, intéressante du point de vue de la logique, selon laquelle la décadence d'une civilisation serait inscrite dans son principe original, de sorte qu'elle interviendrait avec une nécessité inéluctable dont seul le temps serait le maître. Enfin, nous n'ignorons pas qu'il existe aussi des explications plus triviales, parce qu'elles sont plutôt polémiques, par exemple l'allégation selon laquelle on qualifierait d'ordinaire de décadent ce qui ne correspond pas à nos convictions idélogiques

---

3 Rappelons l'observation de La Bruyère (*Les Caractères*, I, 55) : « La métaphore ou la comparaison emprunte d'une chose étrangère une image sensible et naturelle d'une vérité ... Les esprits justes, et qui aiment à faire des images qui soient précises, donnent naturellement dans la comparaison et la métaphore » .

ou politiques ou bien ce qui nous déçoit. Sous ces réserves, on peut classer les signes d'une décadence sous les chapitres de raisons démographiques, politico-économiques, philosophico-culturelles et éthico-religieuses.

Le symptôme démographique fut déjà évoqué par Polybe et, par la suite, par d'autres auteurs. P. Chaunu en a fait aujourd'hui le centre de ses recherches et de son action publique. Il suffit de signaler ici ses analyses, exposées plus haut sur les conséquences d'une baisse de la natalité, car nous voudrions porter l'attention sur deux autres points. Le premier concerne ce que j'ai appelé ailleurs la nouvelle migration des peuples. Divers auteurs ont fait de la migration l'une des causes de la chute de l'Empire romain. En effet, à partir du 11e siècle ap. J.-C., Rome était devenue un carrefour des nations, de sorte que la population autochtone était devenue minoritaire. Une partie de cette population allogène s'était assimilée, mais une autre maintint ses particularismes ethniques et religieux, enfin la dernière partie, après s'être familiarisée avec les techniques romaines, retourna dans sa patrie pour se dresser ensuite contre le pouvoir impérial et la société romaine, minée intérieurement par les disparités des populations étrangères. Or, de nos jours nous assistons en Europe à un phénomène analogue. Les métropoles et les principales villes européennes abritent des ressortissants, en masse plus ou moins nombreuse, de toutes les races et de toutes les nations, dont certaines ne se laissent assimiler, mais d'autres maintiennent un irrédentisme qui désagrège l'ancienne communauté. En vertu du principe de tolérance propre à l'actuel esprit européen, les pays européens sont largement receptifs aux revendications de ces populations allogènes, d'autant plus qu'ils sont dépendants de la main d'œuvre qu'elles représentent, mais en même temps ils courent le risque de voir s'effriter leur propre identité nationale et culturelle. Cette migration atteint même des petits bourgs, tel celui que j'habite, et lorsqu'on consulte l'état civil on constate que la moitié des naissances y est de provenance étrangère. Pour le moment on n'assiste pas à des césures brutales, sauf à la périphérie de certaines grandes villes, mais il n'est pas à exlure que l'affaiblissement de la population autochtone pourrait en produire. C'est le style de vie qui peut d'abord en être affecté par l'implantation de mœurs propres à ces civilisations différentes. Dès à present cependant, il y a un relâchement du tissu social traditionnel et par conséquent une lente dégredation et décadence qui peut, suivant les circonstances, porter un rude coup à la civilization européenne.

Le second point porte sur le statut de la femme dans nos sociétés. Il s'agit cette fois, non d'un facteur extérieur, mais de l'évolution logique interne à la civilization européenne, consequence de son imaginaire à la fois émancipateur et égalitariste. Il n'est pas question de porter un jugement sur les mouvements féministes et la polémique sexiste, mais de reconnaître, sociologiquement, que dans toute civilisation le type de famille et l'éducation des enfants sont conditionnés par le statut de la femme. Le fait est que les sociétés européennes tendent à une nouvelle distribution des rôles qui est en contradiction avec le passé. Une chose apparaît comme certaine : les moyens de contraception font désormais de la femme le seul décideur de la courbe des naissances. Il existe un seuil qui, une fois dépassé, provoque une déstabilisation de la famille et, par voie de conséquence, de la société toute entière, de sorte qu'on passe d'une civilisation à une autre, ce qui veut dire que la civilisation jusqu'alors connue tombe en décadence. Tout cela s'inscrit dans les revendications plus générales d'une nouvelle société, c'est-à-dire d'une autre civilisation. Tout se passe en effet comme si les sociétés européennes étaient fatiguées d'elles-mêmes et qu'elles croient trouver un refuge dans le mirage d'une autre société, renonçant de ce fait à leur identité. Il est assez curieux que les instigateurs de projets d'une autre société se montrent tellement avares d'une réflexion sur la signification profonde de leurs propositions, à savoir se dépouiller de la civilisation qui fut jusqu'alors propre à l'Europe.

Ces considérations nous entraînent du côté des symptômes politico-économiques. La forme politique extrême de la décadence réside dans l'invasion par un peuple d'une autre civilisation qui, par le moyen d'un génocide ou d'une deprédation systématique, laisse les vaincus exsangues. Cette destruction par un agent extérieur a par exemple mis fin aux civilisations précolombiennes. Le phénomène est suffisamment connu pour que nous puissions nous dispenser de le commenter. Nous voudrions surtout envisager les aspects intérieurs qui conduisent politiquement et économiquement une civilisation à l'agonie.

Le signe qui, selon les divers auteurs, est le plus déterminant consiste dans l'assistance généralisée des citoyens, parce qu'elle déchire le tissu économique. En effet, elle donne la priorité au numéraire sur le produit, à l'abstraction économique sur l'effort, mais surtout elle accable la partie dynamique de la population qu'elle assujettit à la paresse du reste. L'assistance généralisée introduit l'inégalité économique la plus désastreuse. Nous avons vu que Démosthène faisait grief aux Athéniens de venir à l'Assemblée du peuple, non plus pour prendre une décision en commun – selon la vocation de la constitution d'Athènes – mais essentiellement pour amasser des jetons de présence. Nous avons signalé des conduites analogues à la fin de l'Empire romain. Le phénomène de l'assistance s'est généralisé dans l'Europe contemporaine sous le couvert de l'Etat-Providence, générateur d'une bureaucratie envahissante. Qu'on nous entende bien ! Il ne s'agit nullement de mettre en cause l'idée de l'Etat, en tant qu'il est l'organe politique indispensable de la protection des citoyens, ni l'administration, en tant qu'elle est l'auxiliaire nécessaire dans l'exécution des décisions et des lois, ni enfin l'organisation d'instances de secours pour venir en aide à ceux qui sont éprouvés par le sort. Notre observation porte sur la transformation des citoyens en perpétuels quémandeurs et revendicateurs qui attendent tout de la générosité collective, au détriment de leur initiative individuelle et de leur effort dans l'ordre de la prévoyance. Le danger de la généralisation d'un pareil comportement est d'asservir les êtres sous prétexte de les libérer, de dévoyer des notions nobles par leur intention, telles la solidarité, la mutualité ou la générosité, en pratiques destructrices de la responsabilité et de la liberté. Une fois qu'on exploite une idée, même la plus belle, jusqu'à son extrême logique, elle se dénature en abus comparable à celui qui naît de sa carence.

Il est significatif que la presque totalité des auteurs de tout temps qui ont traité ces aspect de l'étiologie de la décadence incriminent la notion d'égalitarisme. Ils ne réprouvent nullement celle d'égalité, car ils reconnaissent qu'elle est une des composantes des relations sociales, mais ils condamnent l'égalitarisme comme système qui essaie de réduire toutes les relations sociales au même dénominateur commun de l'égalité. C'est en ce sens que Tocqueville prévoyait que l'égalité portée à l'extrême logique de l'uniformité égalitaire annoncera la décadence des démocraties[4]. Les relations égalitaires sont indispensables dans toute société, mais les relations hiérarchiques le sont tout autant. La statibilité de l'ordre social repose sur la répartition la plus judicieuse possible des deux sortes de relations. L'égalitarisme n'est pas seulement l'ennemi le plus redoutable de la liberté, mais il précipite les esprits dans le désarroi par élimination de tout point de repère. L'égalitarisme est amené par la force des choses, c'est-à-dire en vertu de sa logique intrinsèque, non seulement à établir une équivalence entre parents et enfants ou entre maîtres et élèves, comme Platon l'indiquait déjà, mais aussi entre délinquants ou criminels et leurs victimes, entre patrons et ouvriers, entre sains d'esprit et fous, ou encore entre artiste et bousilleur. Chaque activité comporte en raison même de la spécificité de sa finalité une hiérarchie qui lui est propre ; on ne saurait donc saper cette hiérarchie sans détériorer l'activité en cause ; cette dégradation intervient à plus forte raison lors du nivellement d'une activité avec les autres qui obéissent à une autre finalité et à une autre hiérarchie.

4 Le thème a été développé avec des accents pamphletaires par J. Cau, *Discours de la décadence*, Paris, Ed. Lopernic, 1978.

Cette confusion généralisée désarticule en fin de compte l'économie, détraque l'Université, désempare la justice[5]. Pour prendre la mesure de l'importance du facteur politique dans le processus de décadence de l'Occident, il me semble bon de lire l'ouvrage de J. F. Revel, *Comment les démocraties finissent.* J'aimerais attirer l'attention sur deux points. D'une part Revel met en lumière le péril que constitue le perfectionnisme utopiste en tant qu'il suscite le sentiment paralysant de la culpabilité : « Non seulement les démocraties aujourd'hui s'attribuent des fautes qu'elles n'ont pas commises, mais elles ont pris l'habitude de se juger par rapport à un idéal à ce point inaccessible que le verdict de culpabilité s'y inscrit d'emblée par avance. Il en découle qu'une civilisation qui se ressent comme coupable dans tout ce qu'elle est, tout ce qu'elle fait, tout ce qu'elle pense, ne trouve guère en elle d'énergie et de conviction pour se défendre lorsque son existence est menacée. Enseigner chaque jour à une civilisation qu'elle ne sera digne d'être défendue qu'à condition de parvenir à être l'incarnation d'une justice parfaite, c'est l'inviter à se laisser mourir ou à se laisser asservir »[6]. D'autre part il insiste sur un thème que j'ai toujours considéré comme capital, celui du rôle de l'ennemi. La décadence politique se reconnaît devant la peur de l'ennemi. Nous reviendrons plus loin sur cette question à propos du pacifisme.

Les raisons philosophico-culturelles sont d'autant plus implacables qu'une civilisation à son déclin invoque prétentieusement le prestige des idées. Elle substitue au contact direct des choses l'approche intellectuelle : l'acte créateur et original est par exemple détrôné au profit d'une vaniteuse créativité qui confond le goût stérile pour ce qui choque avec l'audace de l'inédit. De toute façon une culture qui se laisse orienter bureaucratiquement cesse d'être vivante. Il n'est pas nécessaire d'exposer une nouvelle fois ce que

5 Malgré certains passages polémiques, l'ouvrage par ex. de J. C. Soyer, *Justice en perdition*, Paris, Plon, 1982, illustre dans l'ordre judiciaire comment une activité déterminée s'enfonce dans la décadence au nom d'une boulimie perfectionniste.

6 J. F. Revel, *Comment les démocraties finissent*, Paris, Grasset, 1983, p. 16–17.

j'ai dit à propos de l'intellectualisation moderne[7]. Je voudrais plutôt faire ressortir deux autres aspects.

Tout d'abord une civilisation en décadence se coupe de ses racines, des traditions qui l'ont faite : elle méprise son passé. Il ne s'agit pas de célébrer ici le traditionnalisme comme fidélité à de prétendues traditions immuables, car, dans la mesure où elles demeurent vivantes, les traditions se renouvellent, dans le respect cependant de l'esprit originaire. Ce qui se perd, c'est le sens de la tradition. La décadence est encline à se clôturer dans son présent, comme si elle pouvait créer à partir de rien. Une culture sans tradition verse assez rapidement dans son contraire : une barbarie intellectualisée. G. Apollinaire nous avertissait du danger lorsqu'il disait dans son poème *La jolie Rousse* :

Je juge cette longue querelle de la tradition et de l'invention
De l'ordre de l'Aventure

pour conclure que les deux ne sont pas des ennemis. Il existe par exemple actuellement une manière de parler de la poésie française qui la fait commencer avec Baudelaire, comme si les poètes des siècles antérieurs n'étaient que des « débiles » . Cette suffisance vaniteuse se donne l'illusion de pouvoir construire sans fondement. En général les décadences ne connaissent que des écrivains médiocres et s'il apparaît des talents, c'est qu'ils avaient su renouer avec la tradition.

En second lieu il faut incriminer en période de décadence la confusion des valeurs qui n'est que la reprise dans l'ordre philosophique de l'idéologie égalitariste. Cette confusion ajoute à sa propre confusion en s'appropriant la désignation plus noble de pluralisme des valeurs. Une culture ne se caractérise pas seulement par ses œuvres artistiques, mais aussi par ses techniques, ses mœurs et son organisation sociale. Les fresques des primitifs de la grotte de Lascaux sont admirables comme la statuaire monumentale hindoue et les cathédrales gothiques. Dans le domaine de l'art, la supériorité de

7 *La fin de la Renaissance*, chap. 7.

certaines œuvres sur d'autres est interne à chaque civilisation, mais elle n'est pas relative à une comparaison externe entre les œuvres de civilisations différentes. Cette particularité tient à l'essence même de l'art. On ne saurait cependant conclure de cette équivalence des civilisations dans la sphère artistique à la même équivalence dans les autres sphères de la culture. La civilisation européenne se caractérise par son impulsion novatrice en matière scientifique, technique et économique, sans pareil dans aucune autre civilisation. Dans ces domaines elle a été incontestablement supérieure à toutes les autres. Si les cultures ne se valent pas, les valeurs qu'elles représentent ne se valent pas non plus. L'écologiste obstiné peut préférer la vie menée par les Hottentots, il n'empêche que la plupart des peuples non européens ont adopté avec plus ou moins d'efficacité de nombreux traits de la civilisation européenne parce qu'elle leur apporte des biens que la leur ne leur procure pas. La question posée ici n'est pas de savoir si ces emprunts leur sont bénéfiques ou non, mais de reconnaître le fait indiscutable que la presque totalité des peuples de la Terre vivent pour une large part à l'heure européenne. S'ils ont créé leur compagnie d'aviation, c'est parce qu'ils estiment que ce moyen de transport est supérieur pour diverses raisons à d'autres moyens.

Si les civilisations ne se valent pas, c'est que chacune repose sur une hiérarchie des valeurs qui lui est propre et qui est la résultante d'options plus ou moins conscientes concernant les investissements capables de stimuler leur énergie. Cette hiérarchie conditionne donc l'originalité de chaque civilisation. Reniant leur passé, les Européens se sont laissés imposer, par leurs intellectuels, l'idée que leur civilisation n'était sous aucun rapport supérieure aux autres et même qu'ils devraient battre leur coulpe pour avoir inventé le capitalisme, l'impérialisme, la bombe thermonucléaire, etc. Une fausse interprétation de la notion de tolérance a largement contribué à cette culpabilisation. En effet, les idées ni les valeurs ne sont tolérantes. Refusant de reconnaître leur originalité, les Européens n'adhèrent plus aux valeurs dont ils sont les porteurs, de sorte qu'ils sont en train de perdre l'esprit de leur culture et le dynamisme qui en découle. Si encore ils ne faisaient que récuser leurs philosophies du passé, mais ils sont en train d'étouffer le sens de la philosophie qu'ils ont développée durant des siècles. La confusion des valeurs et la crise spirituelle qui en est la conséquence en sont le pitoyable témoignage. L'égalitarisme ambiant les conduit jusqu'à oublier que la hiérarchie est consubstantielle à l'idée même de valeur.

Il vaut la peine de nous attarder quelque peu sur ce point. Une chose vaut nécessairement par rapport à une autre qui vaut davantage ou moins. Le fondement de l'acte d'évaluation consiste donc en un jugement de comparaison qui distribue en fonction d'un étalon les choses en valeurs supérieures, inférieures ou équivalentes. Or, la relation du supérieur à l'inférieur, on l'appelle hiérarchie. Si toutes les valeurs se valent, aucune ne vaut plus. Par conséquent, par son concept même, la notion de valeur implique une pluralité de valeurs et une hiérarchie ou échelle des valeurs. Du fait que toute évaluation implique une pluralité de valeurs, il n'existe pas de valeur unique ou de valeur en soi. Cette pluralité des valeurs n'a cependant rien à voir avec le pluralisme confusionnel des valeurs. Du fait que l'évaluation implique une hiérarchie, l'égalitarisme par exemple, en tant qu'il fait de l'égalité la valeur suprême ou étalon, n'a de sens que par sa hiérarchie implicite qui déconsidère les autres valeurs comme inférieures. Les doctrines philosophiques, politiques, économiques, esthétiques et autres se différencient l'une de l'autre en raison d'une hiérarchisation différente à partir du choix de l'étalon de valeur. En ce sens le socialisme est un système de valeurs comportant sa propre hiérarchie interne au même titre que le libéralisme. Il en est de même des autres systèmes, conservateur, dictatorial, démocratique ou encore la doctrine de l'art pour l'art. Le pluralisme des valeurs qui considère le système soviétique comme l'équivalent, jusque dans les inconvénients, du système américain ou encore les régimes des pays latino-américains comme analogues aux régimes de l'Europe de l'Est, constitue philosophiquement, mais aussi logiquement, un égarement, sinon une tromperie. Les antagonismes qui secouent le monde n'opposent pas des valeurs entre elles, mais une pluralité de systèmes de valeurs aux hiérarchies divergentes.

La civilisation européenne comporte elle aussi sa hiérarchie des valeurs. Prétendre au nom du pluralisme confusionnel des valeurs qu'elle est l'équivalente des autres civilisations, c'est la jeter dans la crise, précipiter les esprits dans le désarroi par indifférence, et par conséquent l'affaiblir, surtout si les autres civilisations ou les autres systèmes, par exemple le communisme, refusent ce pluralisme et affichent leur supériorité. Une civilisation qui renie ainsi son originalité et ses particularités est vouée à la décadence, parce qu'à la longue elle finit par ne plus se défendre. En effet, pourquoi sauvegarder la hiérarchie propre à la civilisation européenne si elle est semblable aux autres ? Pourquoi ne pas accepter les autres systèmes, puisque c'est du pareil au même ? Une fois que l'on entre dans le jeu de la platitude de la confusion et du pluralisme uniformisant des valeurs, on perd inexorablement le sens de son identité et plus généralement celui de la vérité. En effet, par son concept même, celle-ci refuse la confusion et l'équivalence de toutes les choses.

Les symptômes éthico-religieux sont peut-être les plus significatifs, parce qu'ils perturbent l'esprit d'une société ou d'une civilisation, c'est-à-dire sa texture la plus fragile. La plupart des historiens et théoriciens de la décadence mettent en avant la corruption des mœurs, sous les diverses formes de l'abandon à la jouissance, la luxure et la perversité, de l'effémination et de la lâcheté et plus généralement de la démesure qui rejette toute règle et toute limite. A vrai dire, même une civilisation montante n'est pas exempte de corruption, celle-ci faisant partie de toute société comme la violence, du fait qu'elle repose non seulement sur des idées mais aussi sur des intérêts. La décadence se caractérise par le type de corruption qui s'y étale. C'est le verbe qui convient, parce que la corruption s'y développe pour ainsi dire impunément dans une sorte d'assentiment général. Peu importe l'avenir, peu importe même la décadence : on s'y complait. Une fois qu'une civilisation ou une société est entrée en décadence, elle n'écoute plus aucun avertissement, parce qu'elle ne cherche même plus à en sortir ou à la surmonter. On discrédite, jusqu'à les ridiculiser, tous ceux qui essaient d'enrayer le processus. Dès lors la fin approche. La corruption est le signe avant-coureur de cet épilogue, car elle entraîne la société à lier partie avec sa propre chute, en ce sens que la décadence générale essaime en petites décadences dans tous les secteurs.

A la différence de ce qui se passe dans une civilisation en expansion, la corruption dans une civilisation sur son déclin ne cherche plus à se dissimuler : elle se déploie, parfois avec la complicité du pouvoir en place. Il ne s'agit même plus d'obtenir des privilèges pour l'une ou l'autre couche de la société, mais d'abus, de passe-droits, d'injustices baptisés de nos jours d'indemnités. C'est que cette corruption essaie de se justifier ouvertement, à l'aide d'arguments certes spécieux, mais qui trouvent un écho parce qu'une grande partie de la population tire un profit de cette prétendue bienveillance. On invoque à cet effet une justice sociale, dénaturée dans son principe, une libéralité qui n'est que gaspillage, une générosité qui n'est qu'incurie, une liberté qui n'est que droit à la fraude et à l'impunité. L'hypocrisie se fait passer pour noblesse, l'irrégularité pour le droit. Il y a un enchaînement qui conduit de la confusion des valeurs à la confusion des idées et du langage et finalement à la confusion et à l'incohérence dans l'action. On met en accusation tout ce qui dans les institutions pourrait gêner : les verdicts des tribunaux, les mesures de police, la compétence des professeurs, l'honnêteté des chefs d'entreprise, l'autorité des parents.

Ouvrons avec A. Caraco « une parenthèse sur l'art de mentir, lequel est l'art majeur d'un peuple décadent. Alors l'imprévoyance se fait générosité, la lâcheté calcul, la lésine industrie, l'escroquerie finesse, la trahison raison d'Etat »[8]. Procope l'avait déjà signalé :

---

8 A. Caraco, *Essai sur les limites de l'esprit humain*, Lausanne, Ed. L'Age d'homme, 1982, p. 174.

dans une société en décadence le mensonge devient permanent et il s'affuble de protestations en faveur de la rectitude et de la franchise, jusqu'à l'outrance. Quand le parti communiste rejette catégoriquement les accusations de fraudes électorales il reste dans la ligne des préceptes de Lénine qui absout toutes les prévarications, du moment qu'elles ont été accomplies avec la bonne conscience révolutionnaire. Mais en même temps on se met à songer à la réaction qui aurait été celle des socialistes que j'ai bien connus dans mon enfance si on les avait invités à se taire sur de pareils méfaits. Certes, il y avait aussi des abus à l'époque de nos pères, mais ils avaient également un sens de la probité qui ne pardonnait pas à ceux qui se livraient à des actes véreux. J. Grévy a donné sa démission de président de la République parce que son gendre était impliqué dans un trafic de légions d'honneur. Ce ne sont pas les mœurs qui ont changé et je n'invoquerai pas le *O tempora ! O mores.* C'est que l'on jette aujourd'hui par-dessus bord le principe même de la morale, sous prétexte que ce genre de conduite convenait à des périodes dominées par la rareté et l'obscurantisme. Jusqu'aux sociologues qui essaient de nous convaincre qu'il n'y a aucune recrudescence de la violence ! Dans la vallée aux dix-huit villages que j'habite, tous organisaient chaque année depuis des temps immémoriaux, à des dates différentes durant l'été, une fête communautaire dite *Kilbe.* Il est arrivé l'une ou l'autre fois que ces manifestations aient été troublées par une rixe, dont tout le monde se souvenait parce qu'elles étaient tout à fait exceptionnelles. Depuis dix ans, elles ont toutes été supprimées, sans aucune exception, parce qu'elles dégénéraient immanquablement en affrontements violents, faisant des blessés et même dans certains cantons voisins des morts. Le sociologue que je suis manquerait à sa vocation s'il refusait de réfléchir à ces nouvelles situations et s'il les recouvrait de considérations abstraites, celle par exemple que notre époque aurait retrouvé le sens de la fête. En tout cas, il s'agit là de réalités observables et repérables et non de généralisations sans fondement tangible. Nous avons affaire dans ce cas à l'une de ces petites décadences sectorielles, à la suite d'une irruption de la violence qu'on conteste au plan plus général et abstrait.

Aucune cohabitation humaine n'est possible sans conventions et sans règles, sinon elle se disssout dans la violence de l'état de nature décrit par Hobbes. Ces règles ne consistent pas seulement dans les lois générales de l'Etat, mais aussi dans les usages et coutumes des communautés régionales et locales. Or, on constate dans l'aire de la civilisation européenne un courant assez fort qui rejette les règles et leurs interdits, sous prétexte qu'elles constituent une contrainte inutile, un formalisme asservissant, voire une violence illégitime. Par conséquent on essaie de faire passer pour des manifestations de violence les formes sociales qui ont précisément pour rôle de la domestiquer. Si tout est permis, il va de soi que chacun, s'il en a les moyens, peut imposer arbitrairement ses humeurs, sa force et ses fantaisies aux autres. C'est ainsi qu'on aboutit au règne de la violence gratuite. Cette opposition irréfléchie aux règles, et par voie de conséquence à toute autorité, sous le couvert de libérer les individus du formalisme, est un ferment de dissolution qui caractérise toute décadence. Cette observation est sans doute banale, mais il faut également faire sa place à la banalité dans la vie commune ; elle fait partie de la complexion d'une société.

Qu'est-ce que l'esprit d'une société ou d'une civilisation ? Il est fait d'une intelligence commune des choses, d'un style de vie et de connivences, y compris des poncifs, qui permettent aux membres de s'entendre à demi-mot, mais aussi du sentiment d'obligation et de service dans l'intérêt de la destinée collective qui dépasse les individus. Durkheim soulignait avec raison que l'accord implicite qui lie les membres d'une société ne se résorbe pas dans la conscience individuelle, mais la transcende. C'est dire qu'une civilisation ne subsiste que par la foi qu'elle a en elle-même. Ce n'est donc pas sans raison que la religion, peu importe sa dénomination, parce qu'elle est par excellence le dépositaire du transcendant, a été le ciment des sociétés. Songeons seulement aux auteurs latins qui déploraient la dégénérescence du paganisme et du polythéisme. La convergence dans la reconnaissance du transcendant est capitale. L'évolution de l'art en témoigne. La formule de l'art pour l'art, c'est-à-dire de la création limitée à son immanence a été reconnue, même par ses partisans comme un signe de décadence, car, ainsi que le remarquait Hegel, dans un contexte quelque peu différent, l'art nouveau déprécie l'artistique au profit de l'esthétique : la parole et l'explication se substituent au geste de la création. C'est à cette époque aussi que l'art fut évalué comme une marchandise, donnant lieu à un commerce. Très souvent on n'achète plus un tableau, mais une signature. Dans la *Métamorphose des dieux*, A. Malraux fait une observation analogue, lorsqu'il note que l'art moderne ignore la beauté pour se limiter à faire seulement de l'art, sous les formes les plus diverses, sans quête d'un mode transcendant qui était, en général, autrefois de nature religieuse. Dieu était le paradigme de la beauté.

Il est clair que cette énumération des divers symptômes n'a qu'une valeur méthodologique, car, dans la réalité, il y a de constantes interférences entre eux, avec toutes sortes de transitions. Mais il se pose une autre question : à quel type, parmi ceux que nous avons exposés plus haut, répond la décadence actuelle ? Sans entrer davantage dans le détail pour le moment, il semble qu'elle correspond le mieux aux normes des théories ondulatoires, ce qui exclut les théories cycliques et apocalyptiques. Si nous nous référons à notre seconde classification, il ne me semble pas possible de faire un choix formel, parce que les trois types peuvent convenir en l'occurrence. D'une part, en effet, la décadence actuelle est panachée de décadences fragmentaires, par exemple le déclin du monde rural, celui-ci ayant perdu sa prédominance séculaire, mais aussi le secteur secondaire est en perte de vitesse face au gonflement du secteur tertiaire. Il est nécessaire d'inclure cet aspect dans notre problématique. D'autre part, la décadence est partielle, dans la mesure où la civilisation européenne revit de façon expressive, par certains de ses traits, ailleurs qu'en Europe : en Amérique, en Russie et dans les diverses civilisations du Tiers Monde, étant entendu qu'il serait impertinent de parler d'une civilisation, même relativement homogène du Tiers Monde. Celui-ci ne forme pas une unité. Le fait même que la civilisation européenne a été reçue sur tous les continents l'empêche d'être totale. Mais il existe un autre élément qui constitue la menace capitale pour la civilisation, encore qu'elle ne concerne pas exclusivement la civilisation européenne, et qui risque de transformer la décadence actuelle en une décadence catastrophique. Il s'agit de l'épouvante thermonucléaire qui est suspendue sur nos têtes. Que dire d'un pareil ravage, mortifère au possible, sinon qu'il faut espérer que la sagesse politique se donnera les moyens de nous épargner cette éventualité. En effet, ce n'est pas avec des discours et des démonstrations que l'on conjurera cette terreur.

En fait, la référence aux divers types de décadence historiques que nous connaissons, pas plus que le catalogue des signes classiques de la décadence dressé par les historiens et les théoriciens ne sont à même de rendre compte de la singularité historique de la décadence que nous sommes en train de vivre. Certes, les observations et réflexions que nous venons de faire sur l'étiologie des phénomènes de décadence sont suggestives et inquiétantes, mais elles ne sont que relativement congrues, étant donné que la décadence présente est sans précédent, absolument inédite et même unique dans l'histoire. Elle ne se laisse tout simplement pas comparer à celles qui nous sont connues parce qu'elle se déroule dans un contexte spécifiquement nouveau au regard de toute l'histoire passée. Il importe donc de la comprendre dans sa particularité incomparable. Tout d'abord, elle se produit dans un monde dominé par l'idée de progrès qui séduit, à tort ou à raison, les mentalités de notre époque.

2. Progrès et décadence

L'idéologie du progrès a été prorogée par les écrivains des Lumières qui l'ont héritée de la Querelle des Anciens et des Modernes, qui de son côté avait mis à l'ordre du jour un débat inauguré par Bacon et Descartes. Divers théoriciens contemporains ont lié progrès et décadence, en faisant observer que l'émergence de l'une de ces notions est contemporaine de celle de l'autre. Ainsi P. Chaunu estime que « pour qu'il y ait place pour la décadence, il faut qu'il y ait progrès »[9]. Ce qui est vrai, c'est que les deux termes sont apparus à peu près à la même époque et que leur diffusion par les dictionnaires est contemporaine. Par contre, ainsi que nous l'avons montré, l'idée que recouvre la décadence est aussi vieille que la philosophie, bien que l'on se soit servi d'autres vocables pour désigner le phénomène. Il n'en est pas de même de l'idée de progrès qui, elle, est récente. Chaunu a raison de dire que la décadence et le progrès s'opposent tous deux à un état de l'humanité qui demeurerait stationnaire, mais l'on ne saurait en faire des notions corrélatives, au sens où l'une serait la compensation de l'autre. D'un certain point de vue « croissance et reflux sont indissociablement mêlés au point que la décadence est une nécessité de la croissance »[10]. Par exemple, le développement de l'influence de la bourgeoisie montante à partir du xviie siècle s'est fait au détriment de celle de la noblesse décadente. Toutefois, on ne saurait dire que le progrès serait la contrepartie de la décadence, pour la simple raison que le déclin d'une société peut se produire alors qu'elle est engagée dans un processus de progrès. Autrement dit, une société dominée par le progrès peut néanmoins tomber en décadence.

Pour pouvoir démêler avec une relative pertinence la question des rapports entre décadence et progrès, il convient de tracer un rapide historique de la notion de progrès. Je m'appuyerai à cet effet sur l'étude concise faite par R. Koselleck[11]. Les Anciens ne connaissaient pas l'idée de progrès au sens moderne, mais les notions de progression ou d'amélioration dans un secteur déterminé. Il s'agissait de progrès (au pluriel), c'est-à-dire de changements en

---

9 P. Chaunu, *Histoire et décadence*, p. 69.

10 *Ibid.*, p. 143.

11 V. son article « Fortschritt » dans les *Geschichtliche Grundbegriffe*, édités par O. Brunner, W. Conze et R. Koselleck, Stuttgart, E. Klett, 1975, t. II, p. 351–423.

mieux, par exemple grâce à une réforme institutionnelle ou un aménagement économique. Cependant, si les écrivains du ive et iiie siècle avant J. C., tels Aristophane, Isocrate ou Démosthène considéraient l'ancien comme le modèle, les sophistes par contre vantaient la suprématie du nouveau, sans lui donner une finalité historique. En tout cas, personne n'envisageait une nouvelle humanité, au sens d'un progrès vers un avenir meilleur, mais uniquement des amendements circonstanciels dans un monde considéré comme durable et solide. Ce n'est que chez Sénèque et Pline l'Ancien qu'apparaît, assez timidement, l'idée que les générations futures auront la chance de connaître plus que les générations présentes, de sorte qu'elles pourront s'étonner de l'ignorance de leurs prédécesseurs[12]. Les chrétiens demeurèrent fidèles à cette vision du monde, mais en y ajoutant l'idée de perfectionnement : *Nullus pudor est ad meliora transire*, écrivait par exemple Ambroise de Milan[13]. Il existe une perfection, mais elle est supra-terrestre, vers laquelle les hommes s'acheminent ici-bas à travers les épreuves. L'histoire est le temps qui nous rapproche du terme glorieux, au sens où Th. d'Acquin écrivait : *Perfectio vera gloriae erit in fine saeculorum*[14]. S'il existe un progrès, il n'est pas intrinsèque à la marche de l'humanité, il est celui de l'âme individuelle aidée par la grâce. *Perfectio non in annis, sed in animis*, déclarait Paulin d'Aquilée[15].

C'est au début du xviie siècle que surgit l'idée anticipatrice du progrès au sens moderne, mais elle est liée à celle de la vieillesse du monde. C'est en marchant vers son déclin, comme les vieillards, que l'humanité progresse. Il convient d'appeler Anciens, selon F. Bacon, non pas ceux qui ont vécu autrefois, à l'époque de l'enfance du monde, mais ceux qui vivent à notre époque[16]. La chose est tout

12 Sénèque, *Qaestiones naturales*, 7, 25 et Pline l'Ancien, *Naturalis historia*, II, 62.

13 St Ambroise, *Epistulae*, 18, 7, 23.

14 Th. d'Aquin, *Scriptum super sententiis magistri Petri Lombardi*, 3, 1, quae. 1, art. 4, ad. 1.

15 Paulin d'Aquilée, *Liber exhortationis, vulgo de salutaribus documentis*, chap. 43, dans Migne, Pair. Lat., t. 99, 246 A.

16 F. Bacon, « Novum Organon » , I 84, dans *Works*, 1864, t. 8, p. 190.

aussi évidente pour Pascal. L'homme « est dans l'ignorance au premier âge de sa vie ; mais il s'instruit sans cesse dans son progrès »[17]. Il explicite ainsi sa pensée : « De là vient que, par une prérogative particulière, non seulement chacun des hommes s'avance de jour en jour dans les sciences, mais que tous les hommes ensemble y font un continuel progrès à mesure que l'univers vieillit, parce que la même chose arrive dans la succession des hommes que dans les âges différents d'un particulier. De sorte que toute la suite des hommes, pendant le cours de tant de siècles, doit être considérée comme un même homme qui subsiste toujours et qui apprend continuellement »[18]. Et il conclut comme Bacon : « Ceux que nous appelons anciens étaient véritablement nouveaux en toutes choses, et formaient l'enfance des hommes proprement ; et comme nous avons joint à leurs connaissances l'expérience des siècles qui les ont suivis, c'est en nous que l'on peut trouver cette antiquité que nous révérons dans les autres »[19]. C'est chez Fontenelle que survient l'idée d'un progrès continu, sans dégradation ni déclin, parce qu'il biffe la question des âges, « c'est-à-dire, pour quitter l'allégorie, que les hommes ne dégénéreront jamais, et que les vues saines de tous les bons esprits qui se succéderont, s'ajouteront toujours les unes aux autres »[20]. Leibniz fait écho quelques années plus tard, dans un texte inédit, cité par E. Cassirer : il y estime que le monde est le lieu d'un progrès indéfini, et il précise *quod (universum) nunquam ad summun pervenit maturitatis gradum, nunquam etiam regreditur aut senescit*[21].

Dès lors, l'idée de progrès pénétra dans la mentalité générale, principalement, comme nous l'avons vu, grâce à la controverse connue sous le nom de la Querelle des Anciens et des Modernes. «

17 B. Pascal, « Fragment d'un traité du vide » dans *Pascal, Pensées et Opuscules*, Paris, Hachette, 1946, p. 79.

18 *Ibid.*, p. 80.

19 *Ibid.*, p. 81.

20 B. de Fontenelle, « Digression sur les Anciens et les Modernes » , dans *Œuvres complètes*, Genève, 1968, t. II, p. 362.

21 Cité par Cassirer dans Leibniz' *System in seinen wissenschaftlichen Grundlagen*, Marburg, 1902, p. 444.

Il n'y a rien que le temps ne perfectionne tous les jours » , écrivait Ch. Perrault dans ses *Parallèles des Anciens et des Modernes.* Il est vrai, certains auteurs demeurèrent fidèles à la théorie des âges, par exemple Turgot : « Le genre humain, considéré depuis son origine, paraît aux yeux d'un philosophe un tout immense qui lui-même a, comme chaque individu, son enfance et ses progrès »[22]. D'autres au contraire, en particulier dans les milieux ecclésiastiques, combattirent vigoureusement le courant, estimant que la prétendue progression ne serait qu'une régression, parce qu'elle est une œuvre satanique.

Deux conceptions du progrès se firent jour, qu'on peut appeler avec R. Koselleck celle du perfectionnement et celle de la perfectibilité[23]. J'aimerais cependant donner de cette distinction une interprétation quelque peu différente de celle de Koselleck. La perfectibilité s'adresse à l'humanité comme telle, en ce sens que la nature humaine pourrait se transformer pour produire un nouvel être, par exemple l' « homme total » de K. Marx, débarrassé de toutes les aliénations. En général, l'idée de perfectibilité constitue le présupposé des théories révolutionnaires. Le perfectionnement correspond davantage à l'idée que l'on se fait couramment du progrès, même de nos jours : elle envisage l'avenir sous la forme d'une accumulation d'améliorations matérielles et intellectuelles qui rendrait l'homme progressivement plus heureux. Il s'agit donc d'un ensemble de progrès partiels et non du progrès au singulier au sens où l'histoire serait elle-même le sujet d'un progrès inévitable. Parlant de la nouvelle époque, Condorcet déclare : « L'état actuel des lumières nous garantit qu'elle sera heureuse ; mais aussi n'est-ce pas à condition que nous saurons nous servir de toutes nos forces ? Et pour que le bonheur qu'elle promet soit moins chèrement acheté, pour qu'elle s'étende avec plus de rapidité dans un

---

22 Tableau philosophique des progrès successifs de l'esprit humain, in *Œuvres*, Glashüten, 1972, t. I, p. 215.

23 R. Koselleck, *op. cit.*, p. 375. V. égal. du même auteur, « Fortschritt und Niedergang » dans R. Koselleck et P. Widmer, *Niedergang*, Stuttgart, Klett-Cotta, 1980, p. 214–230.

plus grand espace, pour qu'elle soit plus complète dans ses effets, n'avons-nous pas besoin d'étudier dans l'histoire de l'esprit humain quels obstacles nous restent à craindre, quels moyens nous avons de les surmonter ? »[24]. On notera que le titre de l'ouvrage de Condorcet utilise la notion de progrès au pluriel et non au singulier, c'est-à-dire l'histoire est le vase dans lequel des progrès divers se réalisent, mais elle n'est pas progrès par elle-même.

L'idéologie du progrès au sens où le temps aurait la signification eschatologique d'une marche de l'humanité vers la perfection de la justice, de l'égalité, de la liberté et de la paix, est une invention du xixe siècle. Les hommes du xviiie siècle entendaient demeurer à l'écoute de l'expérience. Celle-ci se caractérise, certes, par des améliorations successives, mais non exemptes d'inconvénients et d'adversités. Turgot le reconnaissait sans détours : « La masse totale du genre humain, par des alternatives de calme et d'agitation, de biens et de maux, marche toujours, quoique à pas lents, à une perfection plus grande »[25]. Un de ses contemporains, Lichtenberg, manifestait encore davantage de méfiance : « L'idée de progrès, entendue comme un processus vers une plus grande perfection, n'a pas belle mine, si l'on considère l'analogie avec tout ce qui respire »[26]. Diderot fut même plus soupçonneux, puisque l'on sait qu'il s'est lancé dans l'aventure de l'*Encyclopédie* pour faire l'inventaire des connaissances de son temps, afin de les préserver de l'oubli dans le cas d'une catastrophe possible. La plupart des écrivains de cette époque, si attachés qu'ils aient été à l'idée de progrès, n'excluaient nullement l'hypothèse d'une décadence éventuelle. Ce fut le cas de Condorcet qui confessait : « La perfectibilité ou la dégénération organique des races dans les végétaux, dans les animaux, peut être regardée comme une des lois générales de la nature »[27]. Une

[24] Condorcet, *Tableau historique des progrès de l'esprit humain*, Ed. citée, p. 44.
[25] Turgot, « Plan de deux discours sur l'histoire universelle » , dans *Œuvres*, 1913, t. I, p. 285.
[26] Lichtenberg, *Gesammelte Werke*, Francfort/Main, 1949, t. I, p. 282.
[27] Condorcet, *ibid.*, p. 301.

des réflexions les plus perspicaces fut celle de Gottsched qui savait critiquer son propre rationalisme : « Qui sait, s'interrogeait-il, si l'humanité ne retournera pas une nouvelle fois à la barbarie, c'est-à-dire pour parler métaphoriquement, si elle ne retombera pas en enfance ? »[28]. F. Schlegel posait une autre question que l'on n'a cessé d'oblitérer. Alors qu'à son époque on assimilait volontiers l'idée de progrès à celle d'une marche vers la plus grande égalité, il remarquait que le progrès est lui-même source d'inégalités : « Le véritable problème de l'histoire, écrivait-il, est celui de l'inégalité des progrès dans les différents domaines de l'ensemble du développement humain, en particulier si l'on considère la grande divergence dans l'ordre du développement intellectuel et moral »[29].

Si la réalité d'un perfectionnement relatif des conditions de la vie pouvait passer pour raisonnable déjà au xviiie siècle, celle de la perfectibilité de la nature humaine comme telle était plus présomptueuse. Au siècle suivant elle deviendra un des fondements des doctrines socialistes et révolutionnaires. Ce fut Rousseau qui souleva le problème avec son audace coutumière, mais pour lui dénier toute validité, tout simplement parce qu'il se méfiait plus que tout autre de tout bouleversement révolutionnaire. S'il n'a pas inventé le terme de perfectibilité, il l'a accrédité dans les milieux intellectuels[30]. Par cette notion, il entendait établir une différence « spécifique » entre le règne animal et le règne humain. Par sa nature, l'animal demeure identique à lui-même, à la fois comme individu et comme espèce, parce que son existence est commandée par l'instinct. Par contre l'homme est par sa nature doué de perfectibilité, en ce sens qu'avec l'âge l'individu peut se perfectionner, mais aussi l'humanité au fil de la succession des époques. Cette perfectibilité que l'on vante

---

28 J. C. Gottsched, « Abhandlung der Frage, vom Vorzuge der Alten oder Neuern, im Absehen auf die Künste oder Wissenschaften » , in *Auserlesenen Schriften*, p. 631.

29 F. Schlegel, « Athenäumsfragmente » , n° 222, in *Sämtliche Werke*, 1967, lre partie, t. II, p. 201.

30 Cf. J. Delvaille, *Essai sur l'histoire de l'idée de progrès jusqu'à la fin du XVIIIe siècle*, Paris, 1910.

tant lui apparaît comme un malheur. « Pourquoi l'homme seul est-il sujet à devenir imbécile ? N'est-ce point qu'il retourne ainsi dans son état primitif, et que, tandis que la Bête, qui n'a rien acquis et qui n'a rien non plus à perdre, reste toujours avec son instinct, l'homme reperdant par la vieillesse ou d'autres accidents, tout ce que sa *perfectibilité* lui avait fait acquérir, retombe ainsi plus bas que la Bête même ? Il serait triste pour nous d'être forcés de convenir, que cette faculté distinctive, et presque illimitée, est la source de tous les malheurs de l'homme ; que c'est elle qui le tire, à force de temps, de cette condition originaire, dans laquelle il coulerait des jours tranquilles, et innocents ; que c'est elle, qui faisant éclore avec les siècles ses lumières et ses erreurs, ses vices et ses vertus, le rend à la longue le tyran de lui-même et de la Nature »[31]. Pour Rousseau, progrès et décadence sont donc deux notions complémentaires, en ce sens que les progrès de la civilisation en matière d'art et de science s'accompagnent d'un déclin des mœurs, précisément parce que ces progrès sont une source d'inégalités. « Le progrès, écrit Koselleck, produit par conséquent la décadence »[32], c'est-à-dire que la civilisation est vouée, au fur et à mesure qu'elle se développe, à amplifier les motifs de corruption.

En tant que lecteur de Rousseau, Kant est demeuré proche de cette interprétation. Certes, comme adepte de la philosophie des Lumières, il écrit durant sa période dite précritique, dans la *Théorie du ciel* : « La création n'est jamais achevée. Elle a commencé une fois, elle n'aura jamais de terme »[33]. Il croyait même à cette époque à une progression indéfinie de caractère pour ainsi dire cosmologique : si le monde était voué au déclin, celui-ci serait déjà intervenu. Par contre il se montre plus circonspect dans ses écrits ultérieurs, en particulier dans son étude de 1794 sur *La fin de toutes choses* : « L'homme ne peut trouver son contentement dans la

31 J.-J. Rousseau, « Discours sur l'origine de l'inégalité » in *Œuvres complètes*, Paris, Gallimard, 1964, coll. Pléiade, t. III, p. 142.

32 R. Koselleck, « Fortschritt und Niedergang » , *op. cit.*, p. 227.

33 *Ibid.*, p. 224.

vue d'un changement moral autant que physique qui se prolonge éternellement. La position dans laquelle il se trouve à n'importe quel moment reste toujours mauvaise par comparaison avec celle qui va venir : la représentation d'une marche indéfinie vers le but final est tout de même aussi la perspective d'une série indéfinie de maux relatifs »[34]. Comment une philosophie critique n'aurait-elle pas pu être également critique à l'égard de la notion de progrès, d'autant plus qu'elle était d'invention récente ? Comment une idée conditionnée historiquement pourrait-elle devenir la substance et la fin même de l'histoire ?

De très nombreux auteurs du xixe siècle ont cru pouvoir faire ce saut eschatologique au nom même de l'histoire. Nous ne les étudierons pas ici, parce qu'ils n'appartiennent pas au sujet traité. Très rapidement cependant la critique de la notion de progrès reprit ses droits, en particulier sous l'influence de Nietzsche. Celui-ci en a fait un symptôme de décadence, il est vrai sous un prétexte assez spécieux : il s'agit d'une idée moderne et par conséquent fausse. Sans doute la croyance au progrès continue-t-elle à séduire confusément la mentalité contemporaine, mais elle se heurte également à des commentaires plus nuancés, y compris de la part de théoriciens tels ceux de l'école de Francfort. Ainsi Horkheimer estimait qu'elle peut conduire à une déshumanisation, c'est-à-dire perdre le monde qu'elle prétend sauver : « Le progrès, écrivait-il, risque de réduire à néant le but qu'il se propose de réaliser : l'idée même de l'homme »[35]. Peut-être la critique la plus mordante est-elle celle d'Alain, parce qu'elle est ironique : « Hardi ! Encore un coup les gars ! Encore un ou deux petits massacres ! La route du progrès est longue et sinueuse. L'âge de pierre est loin derrière nous. Courage ! Si nous ne voyons pas la justice et la paix, nos petits-neveux

[34] E. Kant, « La fin de toutes choses » , dans *Pensées successives sur la Théodicée et la Religion*, Paris, Vrin, 1931, p. 171.
[35] M. Horkheimer, *Zur Kritik der instrumentellen Vernunft*, Francfort, 1967, p. 13.

les verront. Le jour viendra. « Le jour viendra ; mais ne nous pressons pas » , comme dit Polonius dans *Liluli.* Un autre Polonius, mais bien réel celui-là, n'a-t-il pas dit que la guerre serait quelque jour abolie, qu'il en était sûr, qu'il en répondait à dix mille ans près. Et qu'est-ce que dix mille ans ? J'entends très bien Autolycus, le coupeur de bourse de la comédie shakespearienne, se disant à lui-même pour se consoler : « Dix mille ans plus tard, j'aurais été honnête homme. A présent, je ne peux pas voir un de ces imbéciles mal gardés sans lui prendre ce qu'il a. Dix mille ans plus tard, une telle action me ferait horreur » . Il y a moquerie ou duperie dans l'idée de progrès »[36].

En dépit de sa brièveté, cet historique nous fait voir d'une part que le progrès n'est pas une notion incontestable qui définirait infailliblement le cours à venir des choses, d'autre part qu'il ne constitue pas une forclusion de l'idée de décadence. Ce que des auteurs aussi avisés que Rousseau, Kant, Condorcet et d'autres pressentaient dès le départ par simple sagacité, nous y sommes directement confrontés par la menace thermonucléaire ou plus indirectement par le risque démographique. C'est sous ce double éclairage que je voudrais explorer plus analytiquement les rapports souvent abusifs entre progrès et décadence, dans la mesure où on les maquille du vernis embaumant du progressisme. Pourtant, ce n'est pas cette notion comme telle que je voudrais examiner, car elle est tellement filandreuse qu'il est difficile de la cerner, mais quelques-unes de ses manifestations, plus facilement repérables, qui font frissonner aujourd'hui de nombreux esprits.

Le progressisme se nourrit des effets de l'essor prodigieux des sciences et des techniques, mais de façon assez particulière. Nous avons déjà souligné que Marx accordait un immense crédit à la technique, et Lénine encore davantage. La technique et la science – le marxisme se considère comme une théorie scientifique – devraient modifier les conditions matérielles de production et par conséquent

---

36 Alain, *Politique*, Paris, P.U.F., 1952, p. 307.

celles de la vie en général, et à leur tour ces transformations modifieraient la conscience et l'être même de l'homme, y compris l'histoire. L'homme deviendrait son propre créateur comme homme nouveau et total. La diffusion de l'idéologie marxiste en Europe a largement favorisé la diffusion de la nébuleuse progressiste, faisant croire que le plus serait un mieux. Or, si le progrès est indéniable dans les sciences et la technique, il est en revanche contestable dans les autres domaines de l'activité humaine, tels la morale, l'art, la religion et plus généralement les mœurs. Il est encore plus douteux que le progrès scientifique et technique entraînerait nécessairement, par les modifications des conditions matérielles devenues plus confortables, un progrès de l'être de l'homme. Prenons un exemple. De nombreux sociologues du siècle dernier, attachés à l'idée de progrès, étaient convaincus que les progrès de la science provoqueraient une diminution de la violence, aideraient à la consolidation de la paix et contribueraient à une meilleure éducation de l'homme. Il n'en est rien. La science et la technique ont seulement fourni des moyens nouveaux, parfois plus cruels et dévastateurs, dans l'exercice de la violence. Jusqu'à la médecine, principalement psychiatrique, qui est devenue un moyen de terroriser les gens. Sans doute l'instruction s'est-elle généralisée, et dans ce domaine il y a eu des progrès, mais l'on ne saurait dire que l'éducation serait devenue meilleure. Il n'y a tout simplement pas de rapport logique ni mécanique de consécution entre ces divers ordres.

Il me semble même qu'au contraire les idées progressistes sont une source de décadence. En effet, on considère que les méthodes et techniques rationnelles d'organisation et d'action, avec leurs corollaires que sont la planification, la stratégie, l'enquête, la simulation robotique et informatique, devraient créer les conditions d'une libération progressive des hommes, sous prétexte qu'ils disposeraient de plus de temps pour s'épanouir comme hommes. On estime également que les efforts en vue de la justice sociale, la prétendue résorption des inégalités ou encore la prévention en matière de délinquance constitueraient des acquis du progrès. En réalité, il s'agit d'une illusion qu'on entretient grâce au mythe de la solution finale qui interviendrait dans un avenir indéterminé. Il n'y a tout simplement pas de solution définitive des problèmes qui se posent à l'homme, ou alors il deviendrait autre chose que ce qu'il est et qu'il a toujours été.

Quel est l'effet de l'organisation méthodique et technique de la vie humaine ? Non pas un amendement ou une rénovation de l'homme, mais un nivellement proche d'un assujettissement grâce à toutes sortes de procédés sophistiqués. L'esprit de la civilisation européenne résidait dans un effort continu en vue d'assurer à chaque individu sa liberté comme être responsable, lui garantir l'indépendance de ses jugements et de ses critiques en toute matière, préserver sa dignité dans la sécurité sur la base du respect des lois qui comportent corrélativement des droits et des obligations. Or, on ne peut qu'enregistrer le déclin de cette recherche. Sous le couvert d'éducation politique on développe des techniques de conditionnement, d'endoctrinement et d'enrégimentement des esprits, au prix de flatteries qui ont pour but de faire correspondre les idées des citoyens avec les biens matériels qu'on leur promet. Certes, les idéologies n'exercent plus leur empire, mais les esprits sont idéologisés.

L'adhésion aveugle à un parti ou à une doctrine émousse l'esprit critique au point de concentrer la critique uniquement sur les adversaires, jusqu'à excuser le parti au pouvoir de ses incohérences et aberrations. Le citoyen libre dégénère en partisan inconditionnel que ni les fraudes organisées ni les accusations injustifiées, ni les mensonges délibérés n'émeuvent plus. Au contraire, il applaudit à ces écarts lors de démonstration dans la rue ou par son bulletin de vote. Ainsi que R. Michels le prédisait au début de ce siècle, nous assistons au triomphe d'oligarchies qui font de l'arbitraire leur politique[37]. Au nom de l'égalité on vulgarise dans la médiocrité tout ce qui peut ressembler à une aspiration. Les intérêts des organisations

---

37 R. Michels, *Soziologie des Parteiwesens*, Stuttgart, Kröner, 1925. Traduction française partielle, *Les partis politiques, Flammarion*, 1971.

sont considérés comme supérieurs à la dignité des personnes, jusqu'à diffamer les initiatives individuelles. C'est finalement avec leur propre consentement qu'on amène les êtres à s'enorgueillir de leur déchéance. On aurait tort de penser que certaines descriptions de Zinoviev ne s'appliquent qu'au peuple soviétique[38]. Car, insidieusement, une mentalité analogue s'infiltre dans les esprits occidentaux et érode la substance de la civilisation européenne. Celle-ci s'est efforcée d'exporter durant le court laps de temps de la colonisation l'inspiration qui l'animait. Il n'en est pas resté grand-chose, puisqu'aujourd'hui, en vertu d'une permissivité qui la démantèle, elle laisse pénétrer dans la place l'ennemi de tout ce qu'elle a édifié avec tant de peine. On a parfois l'impression qu'elle est même satisfaite d'être ainsi pervertie, si l'on considère les diatribes dont elle laisse accabler ceux qui essaient encore de demeurer lucides.

La seconde manifestation de ce progressisme délétère réside dans l'utopisme. Il ne faut pas entendre par là l'utopie comme genre littéraire, assez innocent, mais la propension actuelle à vouloir considérer les choses essentiellement en fonction de l'avenir, en général sous les traits les plus flous, dans l'intention d'entraîner les hommes dans une action collective indéterminée. De ce point de vue, l'utopisme est une des composantes de l'idéologie. Il faut déplorer à ce propos la détérioration de la pensée logique et du sens des contradictions qui ont constitué jusqu'à présent l'originalité de la pensée européenne et qui ont été à la base de son rayonnement. La conséquence de cette décadence de la logique est la corruption de l'esprit de la langue, s'il est vrai, comme le déclare Y. Florenne que « les peuples meurent de la mort de leur langue »[39]. Il ne s'agit nullement de déprécier la pensée et la littérature des autres civilisations, mais de ne pas abandonner inconsidérément à leur merci ce qui fait la grandeur et l'unicité de la pensée occidentale. En effet, ce

---

38 A. Zinoviev, *Le communisme comme réalité*, Lausanne, Ed. de l'Age d'homme, 1981.
39 Y. Florenne, « Les peuples fidèles » , dans le journal *Le Monde* du 21 juill. 1983.

n'est pas en décriant la singularité de la pensée européenne qu'on rehausse celle des autres peuples.

Précisément l'utopisme détraque l'esprit logique qui nous est propre, tant il est inconsistant, parce qu'il véhicule les idées les plus hétéroclites, sans rigueur et sans logique. La première raison est banale : l'utopie classique décrit consciemment une société irréelle, qui n'est située dans aucun espace et temps empiriques : elle constitue une sorte de jeu de l'esprit. L'utopisme par contre est une manière de pensée qui dénigre l'expérience humaine et historique au nom d'un imaginaire chaotique qu'il présente comme réalisable parce qu'il le qualifie idéalement de généreux. A la différence de l'utopie, il n'a pas conscience de son irréalité. En plus, il se fonde sur un cercle vicieux. Contrairement à la définition de l'utopie, qui découle de son étymologie (tableau de pensée indépendant de l'espace et du temps), il qualifie d'utopie n'importe quelle anticipation, projet ou prévision faits sur la base de données empiriquement observables et vérifiables, qui sont donc réalisables dans la limite des moyens disponibles. Le subterfuge consiste à faire croire que, puisque des anticipations et des prévisions positives ont été réalisées par la suite, n'importe quelle fabulation fantaisiste, imaginée en dehors des repères spatiaux et temporels ainsi que de l'expérience de la nature humaine, et donc dépourvue de tout moyen empirique, est également réalisable, du moment que les intentions sont abstraitement magnanimes et idéalement nobles. Au fond, il s'agit d'une usurpation sémantique, car l'utopie a un sens défini qui n'a rien à voir avec une anticipation ou un projet positif. Ainsi l'utopisme estime subjectivement par exemple que la politique est une aliénation, c'est-à-dire une perversion sociale à éliminer. Il construit en idée un tableau de la société future, mais utopique, d'où la politique serait exclue, et de ce fait même il considère que la chose est possible, par exemple sur la base d'une conception purement dialectique d'une prétendue désaliénation de l'économie.

Il y a cependant un point commun entre l'utopie au sens propre et l'utopisme moderne, c'est qu'ils préconisent tous deux une société sous surveillance. J'ai montré ailleurs[40] que le régime social envisagé par les utopies classiques était de caractère policier, parce qu'elles instituent toutes des contrôles jusqu'à interdire toute vélléité de révolte pour éviter qu'une si bonne constitution ne se désagrège. Lorsqu'on interroge les adeptes de l'utopisme moderne afin qu'ils sortent du vague de leurs propositions et donnent au moins un semblant de contours à la nouvelle société qu'ils préconisent, on constate qu'ils ne rêvent que d'une société enfin bienveillante, pacifique et juste, mais aussi réglementée et planifiée afin qu'elle ne tombe pas dans les errements des sociétés historiques. Dans le fond, l'imagination peut s'évader à sa guise hors de l'espace et du temps et supposer tout ce qu'elle veut selon sa fantaisie, mais l'action n'a pas les mêmes latitudes que la pensée, parce qu'elle se heurte à la résistance de la nature humaine, à ses passions, ses divergences d'intérêts et d'idées, ainsi qu'à la rareté des moyens disponibles. La pensée utopiste considère abstraitement, en idée, les problèmes comme résolus, tandis qe l'action concrète a pour tâche de trancher indéfiniment des difficultés qui ne sont jamais résolues définitivement. On comprend aisément dans ces conditions pourquoi les révolutions, parce qu'elles s'appuient théoriquement sur un utopisme, versent toutes, dès qu'elles triomphent, dans un régime policier, instaurent un gouvernement de terreur et brisent toute révolte individuelle et collective, jusqu'à ne même pas tolérer une simple opposition critique. Parce que les moyens de réaliser la cité utopique font empiriquement défaut elles ont recours au moyen extrême et monstrueux de la violence terroriste et policière, sans espoir pourtant de concrétiser un jour la société rêvée. Il y a un lien entre l'utopisme et l'envahissement du monde moderne par la technique, dont la révolution constitue le nœud. L'application de la technique matérielle aux organisations humaines a eu pour effet de considérer la société comme une création artificielle, qu'on peut faire, défaire et refaire autrement, à son gré, au cas où elle

---

40 Dans mon ouvrage *Utopie et violence*, Paris, Rivière, 1978, p. 50 et s. *La décadence*.

ne conviendrait pas ou plus. La révolution est l'héritière de cette conception artificialiste des sociétés.

La conséquence politique la plus notoire est que l'utopisme mine aujourd'hui les sociétés existantes, favorisant et parfois hâtant le processus de décadence. En effet, au regard de la promesse d'une société nouvelle, si belle idéalement, toutes les sociétés historiques sont déficientes. Dans la mesure où les adeptes de l'utopisme parviennent avec la complicité des intellectuels à sensibiliser de larges couches de la population à leurs spéculations, ils réussisent à saper les structures des sociétés empiriquement données, parfois même à les combattre perfidement, à les déstabiliser et à les désorganiser. Au nom d'un prétendu progrès, le progressisme utopiste finit dès lors par jeter dans la décadence une collectivité ébranlée. Cette tactique de division et de dissolution utilise en général des procédés qui jurent avec ceux qu'on prétend suivre dans la société future annoncée, mais elle les sanctifie au nom de la fin radieuse, qu'elle fait miroiter aux yeux de adhérents. C'est donc en prétendant qu'il sauvera la société de la décadence que l'utopisme l'y précipite. Au nom de ce fallacieux progrès on traite de réactionnaires ceux qui s'efforcent de garder la tête froide, on calomnie même les institutions qui fonctionnent correctement et on entretient un harcellement constant au sein de toutes les activités pour discréditer les responsables. A n'en pas douter, les sociétés occidentales sont toutes contaminées par cette contagion utopiste qui, bien loin de les diriger, même par des voies détournées, vers une aube nouvelle, accélère leur déclin jusqu'au moment où elles deviendront des proies faciles pour les soi-disant émancipateurs qui les libéreront de leur liberté et de toutes les valeurs qui sont enracinées en elles.

La manifestation du progressisme la plus pernicieuse et la plus immédiatement dangereuse pour la civilisation européenne est cependant le pacifisme. Celui-ci fait, il est vrai des vagues, beaucoup plus dans l'Europe du Nord que dans celle du Sud. Il est par exemple très significatif qu'en France les rassemblements pacifistes se font essentiellement sous l'égide du parti communiste, ce qui indique clairement qu'il s'agit d'une manœuvre destinée à soutenir la politique extérieure de l'Union soviétique. En Europe du Nord, la situation est plus floue, car, bien que l'Union soviétique soit partie prenante, une fraction importante des socialistes et certaines associations proprement pacifistes, participent aux démonstrations. Si nous faisons abstraction de ces occurrences, les pacifistes apparaissent comme des gens qui font mine de vouloir la paix plus fortement et avec une plus grande conviction que le reste de la population. Ils en monopolisent l'idée, en faisant croire qu'elle représente le progrès dans l'ordre des relations humaines[41]. En fait, ils sont en train de criminaliser la paix, en ce sens qu'ils dénigrent la paix actuellement existante, la seule possible politiquement, au nom d'une utopie de la paix idéalisée, et qu'en plus ils prêtent main forte, directement ou indirectement, à l'un des ennemis virtuels qui par sa puissance peut menacer la paix existante. Cette criminalisation de la paix se fait, comme toujours en pareil cas, au nom de la générosité et des bons sentiments. Or, du moment que la paix est une relation entre les Etats elle ne saurait être inconditionnelle.

Il faut avoir présent à l'esprit ces brèves remarques pour comprendre pourquoi le pacifisme actuel est un signe de décadence. Il rêve d'une paix sans ennemi, oubliant que l'ennemi est aussi fondamental dans l'établissement de la paix que dans la conduite d'une guerre. En effet, il est tellement fasciné par la puissance de l'ennemi virtuel de la civilisation occidentale et des valeurs de liberté, de justice et de négociation qu'elle porte, à savoir la Russie soviétique, qu'il en arrive à oublier que celle-ci est l'ennemi virtuel et même à faire son jeu belligène. Depuis qu'il existe, le communisme russe n'a jamais caché son hostilité foncière aux principes mêmes de la pensée européenne. A la base de l'action pacifiste actuelle il y a une idéologie sous-jacente qui crédite l'U.R.S.S. d'être un pays progressiste,

41 Sur l'idéologie pacifiste, v. mes études, « Comment le pacifisme fait obstruction à la paix » dans *Points d'impact*, n° 2, janv.-févr. 1983 et « La vague pacifiste » dans *L'Analyste*, Montréal, n° 3, sept. 1983.

malgré le despotisme et le Goulag, face à l'Amérique impérialiste et capitaliste. Autrement dit, même si le socialisme est un système d'asservissement, il demeure en idée et en théorie une doctrine du progrès. De ce point de vue, si la guerre est une rupture ouverte d'un état de paix, le pacifisme en est l'ennemi hypocrite.

Les pacifistes allèguent qu'ils veulent sauver l'Europe, mais proposent un salut qui consiste à la jeter dans la gueule du loup. Non seulement ils ne conjurent pas le danger extérieur, mais surtout, chose plus grave, ils minent l'Europe intérieurement en brisant ses capacités de résistance morales. On le sait depuis Démosthène et aussi la période qui a précédé la chute de l'Empire romain, un pays sur son déclin tombe facilement dans le piège pacifiste. Or, il ne suffit pas aux pacifistes que l'Europe soit déjà affaiblie, il faut encore lui faire perdre son âme. En effet, ce qu'ils mettent en jeu, c'est l'indépendance des nations européennes, celle-ci reposant inéluctablement sur la volonté de défendre sa patrie contre les ennemis qui la menacent. Il n'a jamais existé de civilisation qui n'ait eu sa face militaire. Depuis les Grecs et les Romains, et la Révolution française l'a confirmé, l'un des attributs du citoyen, et même sa marque de noblesse, a toujours consisté dans la prérogative militaire, c'est-à-dire dans l'honneur de pouvoir participer à la défense de la cité. Le pacifisme ne fait, sous ce point de vue, que dénaturer l'essence même du citoyen, en le ravalant au rang d'un sujet qui ne saurait attendre son salut que de l'éventuelle clémence des maîtres. En préconisant la paix à tout prix face à l'ennemi virtuel, le pacifisme sacrifie les chances de survie de l'Europe et de sa civilisation. Hélas, il est vain de parler le langage de l'expérience et de l'histoire à des êtres qui adhèrent à une croyance inconditionnelle. Même la politique perd dans ce cas ses droits, puisque, par sa nature même, elle a pour fin de protéger les citoyens. Cette protection prend tout son sens lorsqu'il faut faire face à une situation exceptionnelle, qui surgit en général de l'action d'un ennemi. Qui est l'ennemi de la civilisation européenne et des valeurs qu'elle représente ?

3. L'espérance dans la décadence

Les considérations que nous venons de développer font apparaître que, à l'image de la plupart des décadences antérieures, l'Europe vit sous une double menace, interne et externe. D'une part elle est entrée dans l'affaiblissement intérieur, sous l'action conjuguée de multiples facteurs, d'autre part elle vit sous l'œil d'un ennemi extérieur qui attend qu'elle se décompose pour la démanteler. L'affaissement interne a tendance à se diffuser, en dépit des extraordinaires progrès en matière scientifique et technique, car, comme nous l'avons vu, le progrès n'est pas l'alternative à la décadence. Pressentant le péril, certains hommes politiques ont échafaudé l'union européenne, mais la pratique ne répond pas à la théorie. En effet, les organisations communautaires européennes ne font que refléter jusqu'à présent le désarroi qui s'est emparé de chaque Etat en particulier. Les gouvernements de droite aussi bien que ceux de gauche ont été impuissants jusqu'ici à enrayer le processus. De son côté, l'ennemi extérieur dispose d'intelligences dans la place, qui, sous le couvert d'appels trompeurs au sursaut national, démantèlent en pratique les barrières de résistance. Ils présentent avec d'autant plus d'acharnement leurs prétendues solutions magnanimes qu'elles ne sont absolument pas adaptées à la solution.

Faut-il se résigner ? Une décadence ne consiste pas en une chute uniformément accélérée, c'est-à-dire elle ne suit pas une pente dont la déclive ne connaîtrait ni rupture ni remontée. La décadence n'obéit pas à une loi physique, car elle reste soumise aux intercurrences des résolutions et des déterminations humaines. De Gaulle et Churchill ont, de ce point de vue, accompli une œuvre paradigmatique. Ils étaient habités l'un et l'autre par le sentiment de la décadence menaçante, mais en même temps ils ont fait des efforts presque surhumains pour redresser, dans la mesure de leurs moyens et aux prix de sacrifices, une situation compromise. Peut-être même ont-ils puisé leur énergie dans cette lucidité qui refusait l'agonie.

En effet, l'histoire ne suit pas un cours absolument inévitable, car elle est sans cesse traversée de surprises qui peuvent consister en des rémissions, des répits et en des relèvements plus ou moins durables. Les grands mots ne servent à rien en l'occurrence si l'action concrète n'y répond pas. Il faut au contraire une force d'âme et de la ténacité, seules capables de réveiller les consciences et de les entraîner dans une volonté de dépassement. On ne demande pas de l'héroïsme, mais le refus de la mesquinerie de la politicaillerie courante, car, comme le disait Max Weber, « l'on n'aurait jamais pu atteindre le possible si dans le monde on ne s'était pas toujours et sans cesse attaqué à l'impossible »[42].

Les surprises de l'histoire n'épargnent aucun pays, non plus l'ennemi virtuel extérieur. Il n'est pas, ou du moins il n'est pas encore, entièrement le maître du jeu. Non seulement il peut commettre des erreurs de calcul, mais il n'est pas à l'abri, en raison de son système coercitif, de néfastes secousses et même de tourmentes à l'intérieur de ses frontières. L'Europe ne pourra profiter de ces possibles tumultes que si elle ne jette pas le manche après la cognée, par conséquent si elle est prête à être à la hauteur de toute éventualité. La chance ne sourit vraiment qu'à ceux qui sont préparés. Ce n'est qu'à cette condition que l'Europe peut se durcir intérieurement et retarder l'échéance au cas où la discorde devait s'installer chez l'ennemi.

Rien n'est plus décourageant que la déception, lorsqu'on a nourri un fol espoir sur la base de belles promesses purement verbales qui ne concordent pas avec les contraintes de la situation. Une fois de plus, la lucidité exige que l'on prenne aussi correctement que possible la mesure de la décadence dans laquelle nous sommes entrés. Le pire serait d'accepter le déclin comme une fatalité et de s'y complaire, ainsi que de nombreux esprits le font déjà de nos jours. Si ce sentiment devait toucher la majorité de la population européenne, alors la décadence se consumerait dans l'agonie. Elle

---

42 Max Weber, *Le savant et le politique*, Ed. citée, p. 200.

ne devient vraiment un malheur que pour les générations futures qui ne l'ont pas préparée. C'est que dans ses prémices la décadence peut présenter un visage séduisant et même captivant, en raison des charmes de l'insouciance qu'elle allume. Les intellectuels se laissent facilement prendre à ce piège, ainsi qu'A. France le note avec une certaine mélancolie dans *La vie en fleur.* Et il les met en garde contre une enflure déjà courante à son époque, lorsqu'il les avertit que, grands ou petits, il y a de fortes chances qu'ils n'auront pas plus de postérité que les derniers écrivains de l'Antiquité latine.

Aucune civilisation n'est éternelle. Tantôt elles meurent avant d'avoir atteint leur plénitude sous l'action d'un agent extérieur, tantôt elles succombent par épuisement, du fait que la lassitude s'installe en elles. Cette fatigue se traduit en général par une dépense égrotante de l'énergie qui lui reste, parce qu'elle ne la dévore plus dans la croissance vivifiante mais dans des excroissances parasites. Celles-ci sont comme des absurdités de la logique poussée à l'extrême de sa loi interne et coupée de la réalité. La civilisation tourne sur elle-même, pour le plaisir d'éprouver, dans une sorte de jeu gratuit, ce qui lui reste de force. Tout se passe comme si la civilisation européenne était en train d'exploiter jusqu'au non-sens les potentialités, certes contenues dans son principe, mais qu'elle avait su éliminer jusqu'alors comme des chancres nocifs. Après avoir exploré toute la robustesse de sa constitution, elle entend également connaître les symptômes asthéniques, en sollicitant jusqu'à l'excès et à l'absurde ses aptitudes et ses prédispositions. C'est en ce sens que l'on peut dire que la décadence était inscrite dans son origine. Le malheur est que, à force d'outrances, elle s'use et s'indispose elle-même en se culpabilisant, en s'accusant, en démolissant ses moyens de défense, par exemple l'esprit militaire, ou encore en s'abandonnant à la condamnation des contraintes et des règles. Elle utilise le progrès en le détournant vers un progressisme suicidaire.

Cette dépression intérieure de la civilisation européenne est pour une large part le contrecoup d'abandons à l'extérieur. C'est même à ce propos que l'on peut établir un critère objectif de sa décadence. En effet, il est toujours possible de contester la décomposition interne, parce qu'elle relèverait d'une appréciation purement subjective. Effectivement, de nombreux auteurs la nient, en particulier les adeptes du progressisme qui prétendent que, au contraire, la civilisation européenne est aujourd'hui en plein épanouissement scientifique, technique, culturel et même politique, étant donné l'effort de démocratisation actuellement en cours. Par contre le critère objectif est indiscutable. En effet, on ne peut parler de déclin que par référence à un état antérieur d'expansion, de floraison qui aurait constitué un apogée. C'est en ce sens que toute décadence est relative. Mais en même temps, grâce à ce critère extérieur, nous sommes en mesure de mieux préciser le caractère singulier et unique de la civilisation européenne. Certes, la décadence européenne s'écoule dans un contexte de progressivité absolument insolite, inconnu des autres civilisations, mais cela ne suffit pas à marquer son originalité. Le critère extérieur est infiniment plus probant, ainsi que nous l'avons exposé dans les deux premiers chapitres de *La fin de la Renaissance.*

L'Europe a inventé la science expérimentale et mathématique, ainsi que les sciences humaines, historique, sociologique, psychologique ou économique. Elle a été l'ouvrière de la rationalisation technique, elle a engendré en politique la démocratie, élaboré en économie le système de l'abondance, etc. On peut lui faire grief de diverses profanations et excès, il n'empêche que cette œuvre est grandiose. De plus, elle est la seule civilisation qui a découvert les autres civilisations dans l'espace et le temps. Ce fait est absolument unique et capital, que seuls des esprits jaloux des autres continents peuvent essayer de discuter, mais vainement. En effet, c'est elle qui est allée à la rencontre des civilisations pré-colombiennes, hindoue, japonaise, chinoise, mélanésienne et autres. Ce ne sont pas ces autres cultures qui ont pris l'initiative de prendre contact avec elle. Elle a redécouvert les civilisations hittite, mycénienne, summérienne, pré-incas, ou encore celle de l'ancien Mali ou Ghana. Elle a exploré toute la surface du globe, visité des îles inconnues et inhabitées, l'Arctique et l'Antarctique. Mais à peine eut-elle achevé cette aventure qu'elle s'est recroquevillée sur elle-même, sur ses frontières géographiques, sous le vocable de la décolonisation. Ce qu'elle avait mis tant de siècles à conquérir, elle s'en est dessaisie en l'espace de trois décennies.

Tout s'est passé comme si, en découvrant les limites du globe, elle avait en même temps trouvé la sienne. Elle s'est vue confrontée avec sa propre fin possible, car faute d'un au-delà encore à conquérir elle s'est arrêtée. Cet arrêt fut le premier signe de sa décadence. Ce n'est plus elle, bien qu'elle ait préparé l'entreprise, qui a envoyé des vaisseaux dans l'espace et qui a conquis la lune. Par rapport à tout ce qu'elle a fait, qu'elle n'est plus capable de faire, et par rapport à tous ces abandons, elle est indéniablement en décadence. Elle n'est plus ce qu'elle était. Sa puissance est déclinante face aux deux colosses que sont devenus les U.S.A. et l'U.R.S.S. Il ne lui reste plus d'autre ambition que celle de se conserver. Pour comble, elle ne se défend même plus contre les accusations qu'on porte contre elle, comme si toute son œuvre avait été criminelle. Non seulement, de nombreux Européens acceptent les injures, mais ils font de la surenchère ! En renonçant à sa puissance, elle finit par se laisser dicter la loi par les autres. Tel est le critère objectif de son déclin.

C'est en fonction de ce que l'Europe a été qu'il faut comprendre sa décadence, le cas échéant, organiser la réaction. En effet, considérée pour elle-même, la décadence ne peut que susciter des pensées moroses, voire désespérées. Malgré le repli sur elle-même, il demeurera que les dimensions de la civilisation européenne ne se borneront jamais plus à ses seules frontières géographiques. Elle est la seule civilisation universelle qui ait jamais existé, et comme telle, elle n'exprime plus seulement l'âme européenne, mais aussi celle de tous les peuples de la Terre, puisqu'ils ont été définitivement contaminés par elle. En raison de l'épopée qui fut la sienne et qui, je le répète, est unique, elle ne pouvait tout naturellement qu'allumer la haine envieuse des autres cultures, dont la destinée a été locale.

Désormais, elles sont elles aussi portées vers l'universalité du fait de la contagion européenne. De surcroît, ces autres cultures n'ont vraiment réussi à prendre plus pleinement conscience d'elles-mêmes que par leur rencontre avec l'Europe, grâce à l'ethnologie qui est elle aussi d'origine européenne. Voudraient-elles effacer jusqu'aux traces de l'influence européenne qu'elles ne le pourraient plus. En effet, l'Europe est désormais une marque indélébile de leur mémoire, au même titre que leur passé préeuropéen. Posons donc sans ambages et sans complaisance la question : quel Africain par exemple, ayant goûté aux faveurs de la civilisation européenne aimerait revenir à l'inconfort de la vie de ses ancêtres ? Il peut en exprimer romantiquement et idéalement le désir, même avec désinvolture, mais ce désir ne se réalisera jamais plus. Les revendications parfois tapageuses des non-Européens traduisent leur insatisfaction de n'être point encore à certains égards des Européens. Il est tout simplement stupide de la part des Européens d'essayer de dissimuler ces aspects par une tortueuse condescendance, étant entendu qu'il serait encore plus stupide de méconnaître que, à côté des bienfaits de la civilisation européenne, il existe aussi des malfaisances. Il y a, enfouie dans la flatterie complaisante, une irrévérence dédaigneuse.

Qu'on le veuille ou non, le monde entier est devenu européen, mais la civilisation européenne est intégrée de manière diversifiée par les cultures particulières des différents peuples. Au demeurant, tout choc de cultures provoque des crises, des deux côtés. Les cultures chinoise, japonaise, indienne ou africaine sont entrées en crise au contact de l'Europe, mais celle-ci n'a pas été épargnée pour sa part ; elle la ressent même plus fortement, puisqu'elle s'en sort, affligée sous la forme d'une décadence. Pour une large part cependant, les peuples non-européens se désintéressent de la crise européenne, voire essaient de l'ignorer parce qu'elle ne les concerne pas. Et pourtant, en raison de l'universalité de la culture européenne, ils auront à supporter, souvent malgré eux, les conséquences du déclin européen. Il n'est tout simplement pas possible qu'ils pourraient se préserver de ses répercussions, étant donné qu'ils ne peuvent plus agir comme s'il n'avait jamais existé de contact avec la civilisation européenne. Pas plus qu'ils n'ont pu contenir l'expansion européenne, ils ne pourront endiguer les rejaillissements de cette décadence sur leur propre destin. Toute l'histoire à venir, de même que celle de chaque peuple au monde, est dorénavant marquée par l'aventure européenne. Aussi serait-il inepte de vouloir comprendre la décadence européenne pour elle-même, indépendamment de l'universalité de sa civilisation. Si celle-ci est singulière et unique par rapport à toutes les autres civilisations, sa décadence l'est également par rapport à toutes les décadences antérieures.

Le paradoxe consiste en ce que la civilisation européenne est entrée en déclin au moment même où elle a achevé la conquête du monde entier. Pour l'instant elle est à la fois imitée et contestée par les peuples non-européens et non-occidentaux, tout simplement parce qu'on ne pardonne rien à un puissant en voie de devenir faible. Il est cependant à prévoir que, une fois révolue la phase du procès qu'on lui fait, on assistera à des retrouvailles, pour deux raisons : d'une part l'Europe demeure, en dépit de tous les griefs qu'on lui adresse, l'exemple d'une croissance lente auquel les peuples non-européens sont obligés de faire des emprunts, d'autre part ces peuples auront besoin de sa complicité pour ne pas être submergés par les ambitions des nouveaux géants politiques. Si l'on fait abstraction de ces vues, qui ne sont que des hypothèses, une chose semble cependant certaine : la civilisation européenne survivra, sous d'autres formes, à moins d'un cataclysme général, mais les Européens ne seront plus les seuls inspirateurs de cette évolution. Autrement dit, même en décadence, la civilisation européenne continuera de s'enrichir d'apports nouveaux, mais allogènes, ce qui impliquera vraisemblablement l'éclipse de certains de ses traits et l'accentuation d'autres, ainsi que des déviations et sans doute aussi des aberrations. Il faut donc s'attendre à des avatars de l'héritage, de la part des enfants légitimes et des enfants naturels de la civilisation européenne. Toutefois, il ne sera plus possible de tracer l'histoire du monde à venir comme si cette civilisation n'avait pas existé. Evidemment, ce ne sera pas celle que nous connaissons, mais avec des prolongements et des ramifications inattendues.

Ces perspectives plutôt lointaines ne déchargent cependant pas les Européens de mettre tout en œuvre dans l'immédiat en vue de se ressaisir et de prendre en charge leur destin. Il leur reste des atouts. En dépit de la crise actuelle, l'ensemble des nations européennes constitue toujours une puissance économique de première importance. Elles disposent toujours d'une supériorité technologique qui sera déterminante encore assez longtemps, elles peuvent compter sur un appareil matériel et humain hautement qualifié, enfin elles bénéficient de ressources spirituelles considérables. L'Europe n'est pas encore au bord du gouffre. Il subsiste donc des chances et des potentialités suffisantes pour opérer un redressement, à condition de les exploiter en conformité avec l'esprit européen traditionnel, éduqué par la critique. En effet, l'incomparable capacité d'invention et de création qui a depuis toujours caractérisé la civilisation européenne a pour base l'esprit critique, ignoré des autres civilisations, et qui est à l'aise aussi bien dans l'analyse que dans la synthèse, et de ce fait rompu à surmonter les contradictions. Le jour où les Européens commettraient l'erreur d'abdiquer cette ingéniosité critique ils en perdraient également le corollaire politique, à savoir le bénéfice de leurs libertés. Alors la décadence serait vraiment consommée. Malheureusement, de trop nombreux esprits sont déjà prêts à échanger leur liberté critique contre une prétendue paix assurée par un ennemi qui ne songe qu'à les asservir. Il me semble capital de combattre cette tendance qui, pour mieux séduire les hésitants, se pare d'une ostentation moralisante et d'une interprétation frauduleuse de l'Evangile. Il est des revendications dites éthiques et religieuses qui sont démoralisantes et en fin de compte désastreuses. Lorsque le moral est atteint, il n'y a plus guère d'espoir. En tout cas, on ne sauve pas les valeurs auxquelles on croit en les abandonnant à la merci d'une puissance qui s'affiche ostensiblement comme l'ennemie de l'esprit critique et des libertés occidentales.

Ce n'est pas des autres que les Européens peuvent attendre le salut de leur civilisation, mais d'eux-mêmes, à condition de le vouloir et de mettre en œuvre les moyens nécessaires pour l'assurer. Il me semble indispensable à cet égard de retrouver l'instinct de la banalité, parce qu'une civilisation ne se développe pas seulement sur les sommets, mais aussi avec le concours instinctif et souvent inconscient de la population en général. Or, en vertu de sa logique purement intellectualiste, l'Europe est en train de perdre la fraîcheur du sol où les racines trouvent leur nourriture. La banalité, tant décriée, parfois par la sociologie de la quotidienneté, est la fontaine de jouvence d'une civilisation qui refuse d'être prisonnière d'une logique qui s'exténue dans les sondages concernant sa rationalité. La banalité est, au fond, une invitation à reconsidérer les origines d'une culture, c'est-à-dire qu'elle convoque la raison à être plus raisonnable existentiellement que rationnelle intellectuellement. Les intellectuels ont raison de prospecter les possibilités de l'idée dont ils sont les porteurs, mais le monde humain est si divers qu'il ne saurait se soumettre aux seules injonctions des intellectuels : il existe aussi des agriculteurs, des ouvriers, des commerçants, des entrepreneurs qui, en raison de la loi de leur activité, ne peuvent se plier aux impératifs de l'abstraction sans compromettre leur œuvre. On ne cultive pas un champ de la même manière qu'on rédige un livre. Telle est la banalité dont, nous intellectuels, nous devrions à nouveau nous pénétrer.

J'aimerais que la rédaction de cet ouvrage soit une contribution, à ma manière, à l'œuvre d'une civilisation dont les autres activités sont comptables au même titre. En effet, aucune civilisation n'est le patrimoine de ceux qui voudraient en être la conscience. Elle irrigue les fibres de tous ceux qui y participent, parfois d'une manière machinale. Le paysan des montagnes vosgiennes ou alpines y collabore avec une vertu comparable à celle de l'intellectuel parisien. Le tribut des uns et des autres est, certes, inégal, si nous mesurons le concours à la seule échelle des intellectuels. En réalité, cette inégalité même est la condition de la richesse de toute progression.

Pour employer la métaphore des amateurs de la voile, on sait bien qu'une mer égale et étale fait obstacle à l'évolution d'un bâteau. La vérité de la mer favorise ceux qui sont les plus adroits à profiter de l'irrégularité des vents. Une course consacre le premier, elle établit une hiérarchie, tout comme un championnat du monde de l'escrime ou d'athlétisme. Il n'y a pas d'égalité sur un stade, sur un ring ou sur les pelouses des jeux olympiques. Les Russes sont fiers s'ils parviennent à battre les Américains. Où est l'égalité idéologique dans ces cas ? Tel est le sens de la banalité qu'il convient d'avérer, car elle nous renvoie à la sagacité de l'expérience irrévocable de l'humanité depuis qu'elle existe.

Dans l'esprit de la banalité que je viens d'esquisser il apparaît que la condition première de la défense de la civilisation européenne consiste dans le réveil, de la part des Européens, de leur fierté, sans laquelle ils ne retrouveront pas la confiance en eux-mêmes. Sans amour-propre on ne saurait aimer les autres, ce qui veut dire que celui qui est mécontent de soi est également mécontent des autres. Cette fierté signifie positivement que nous n'avons pas à rougir de ce que la civilisation européenne a apporté au monde, car sa contribution est pour le moins équivalente à celle des autres civilisations. Je dirais même qu'elle est supérieure, indépendamment des conquêtes matérielles dont elle a été l'initiatrice (par exemple la protection sociale inconnue ailleurs), du simple fait qu'elle a obligé les autres civilisations (le terme d'obliger n'est pas trop fort) à prendre conscience grâce aux catégories européennes, de leur propre originalité, parfois contre la culture européenne. Elles n'y seraient pas parvenues par elles-mêmes. Pourquoi en aurions-nous honte ? Il est dans l'esprit de toute civilisation de s'énorgueillir de ses acquis face à la superbe des autres. Négativement cela signifie que nous Européens nous cessions de nous sentir coupables, car notre civilisation n'est pas l'enfer. Il est dans l'ordre de la lutte des autres peuples pour leur indépendance qu'ils essaient de culpabiliser l'Europe. Cette manœuvre est de bonne guerre, mais il serait impardonnable de la part des Européens de se laisser ainsi envelopper. La politique ne s'arrête pas aux frontières de l'Europe. De ce point de vue, certaines formes du tiers mondisme ne constituent pas seulement une capitulation honteuse de l'esprit critique, mais un affront à l'équité dont il prétend être le héraut. Loin de moi l'idée de nier que durant leur conquête du monde les Européens n'ont pas commis des injustices ou porté atteinte à la dignité d'autres peuples, mais les réactions de ces autres peuples sont tout aussi iniques. Ils ne disposent pas du privilège de l'innocence, ne serait-ce que parce qu'ils ont eu une histoire pour le moins trouble avant l'arrivée des Européens. La lutte contre l'esclavage par exemple ne leur venait même pas à l'idée. Cependant, sans entrer dans les détails, il n'y a vraiment pas lieu de méconnaître cette banale vérité de l'expérience historique et humaine : aucun peuple ne peut en remontrer aux autres sur le chapitre d'une virginité immaculée.

Il me semble au contraire indispensable de mettre à l'actif de la civilisation européenne d'avoir compris, non seulement du point de vue religieux mais de l'organisation des sociétés, la signification dialectique du négatif. Il s'agit là de la substance même de l'esprit critique, même si l'on abuse pour des raisons de propagande de cette perspicacité étonnante de l'esprit européen. Un exemple. La notion des droits de l'homme est d'origine européenne et exclusivement européenne, bien que de nos jours un tiers-mondisme peu scrupuleux en matière de probité intellectuelle essaie de retourner contre les Européens cet acquis de leur civilisation. Je pèse mes mots. Il n'y a aucune commune mesure entre les manquements occasionnels des Européens contre les droits de l'homme et les pratiques systématiques qui les bafouent en dehors de l'Europe, même à ses frontières. C'est vrai qu'il y a des survivances occurrentes de l'oppression dans les Etats européens, qu'on a raison de combattre, mais on commet pire qu'un péché, je veux dire une forfaiture, lorsqu'on prend prétexte de ces manquements circonstanciels pour excuser, voire justifier, l'oppression permanente et despotique exercée méthodiquement par les nations non-européennes. A cet égard J. F. Revel a raison de souligner dans son livre *Comment les démocraties finissent* l'imposture intellectuelle qui consiste à se faire l'avocat, auprès de nous-mêmes, des thèses les plus favorables aux Soviétiques, sans aucune réciproque[43]. Faute d'être fière d'elle-même et de son œuvre, l'Europe se fait conspuer.

Il ne suffit pas que les Européens retrouvent le sens de leur dignité, il faut aussi qu'ils se donnent les moyens de ce sursaut. Une civilisation ne s'affirme pas seulement culturellement, mais aussi politiquement. Il me semble que l'essence même du politique est de savoir envisager le pire pour empêcher que celui-ci ne se produise. Il n'a pas pour rôle de se consacrer au mieux, c'est-à-dire de se substituer à l'art ou à la morale, sinon il est conduit à faire la pire des politiques. Cela veut dire que l'homme politique n'a pas pour mission d'être lui-même un artiste, car il incombe à l'artiste et non au politique de faire œuvre d'art. A l'opposé, l'artiste qui attend de la politique sa sanction n'est en général qu'un médiocre. Cela n'empêche pas un artiste de faire de la politique, à l'exemple de Rubens, mais sa gloire d'artiste ne dépend pas de ses performances politiques. De même un grand homme politique peut aussi être un grand écrivain, à l'image de de Gaulle, mais il n'est pas l'un parce qu'il est également l'autre. En dépit de ses *Mémoires* le cardinal de Retz demeure un piètre politique. Par contre, dans la mesure où une politique est inévitablement en symbiose avec la civilisation qui la porte, elle trahirait sa vocation si elle ne sauvegardait les valeurs qui la soutiennent, s'il le faut au prix de compromis, mais non de compromissions qui la débiliteraient. La décadence politique se reconnaît au fait qu'elle n'est plus au service de la civilisation qui la transcende, mais essaie de s'embarquer dans la politique des autres, la situation la plus déplorable consistant à se faire, sous le prétexte fallacieux de la largeur de vues, le complice de ses ennemis.

---

43 J. F. Revel, *op. cit.*, p. 32.

Cette conception de la politique étant posée, il va de soi que la civilisation européenne n'a de chance de s'opposer avec succès à l'agressivité dont elle est l'objet que si la politique qui correspond à ses valeurs épouse efficacement celles-ci.

Bien qu'elle n'ait pas pour rôle de se substituer aux autres activités humaines, à l'économie, à l'art ou à la science, il appartient cependant à la politique d'être la garante de la liberté de leur expression, donc de les défendre, sinon elle court elle-même à sa perte. Expliquons-nous. L'autonomie du politique en tant qu'essence ne signifie nullement que, sociologiquement et empiriquement, la politique pourrait demeurer indifférente à ces autres activités. La politique n'a pas pour raison d'être à son propre service, mais à celui de la société dont elle est la protectrice. L'autonomie du politique est une abstraction philosophique nécessaire pour le comprendre, mais la politique, comme activité concrète, est en interaction et interférence constantes avec les activités qu'elle a pour rôle, au sein d'une société donnée, de sauvegarder. La politique n'est pas un dieu qui se vouerait à sa propre contemplation. Dans les conditions de la relative décadence de l'Europe, il appartient à la politique, si le redressement et le sursaut toujours possibles ne sont pas les mobiles d'un programme purement verbal, de porter son effort, essentiellement sur deux points. Il y en a d'autres, mais ces deux-là me semblent cardinaux.

Le premier est le souci démographique, tant il est vrai que les analyses les plus récentes, qui ne font que confirmer une tendance depuis longtemps observée, font état d'une chute des naissances qui jette immédiatement dans la détresse l'Europe, si elle entend survivre. P. Chaunu s'est fait l'avocat passionné de cette cause, face à une indifférence qui confine à l'imprévoyance, mais dont les effets risquent à moyen terme d'être implacables pour la survie de la civilisation européenne. Sur ce point, la politique du mieux sous les apparences d'une soi-disant justice sociale, risque de nous précipiter dans l'abîme. Du fait de la nature de mes préoccupations je voudrais insister davantage sur le second point. En fait, il est lié au précédent.

La baisse de la natalité est un des signes du renoncement à la vie, soit pour jouir égoïstement du présent, soit par peur de l'avenir. En l'occurrence elle est l'expression du refus de défendre les valeurs de la civilisation à laquelle on appartient. Certes, les valeurs d'une civilisation n'ont de consistance que si elles sont vécues, mais si l'on a foi en elles, on ne peut que souhaiter qu'elles se transmettent de génération en génération. La vie est par sa nature même transmission et perpétuation, ce qui veut dire que l'instinct vital signifie que la vie doit continuer après nous, dans le respect de valeurs qui, si nous les trouvons avantageuses, devraient se reproduire. Je l'avoue, ces considérations n'accèdent pas à la hauteur d'une philosophie intellectualisée, mais elles correspondent à l'apparente insignifiance de l'élan de vie qui donne son sens à l'amour et, plus généralement, à nos entreprises et à la lutte pour l'existence. Or, que veut dire lutter, sinon défendre et protéger ce que nous estimons digne de perdurer, s'il le faut en combattant ceux qui menacent cette dignité ? Si nous croyons que les valeurs de la civilisation européenne méritent d'être sauvegardées, il n'existe d'autre moyen de les préserver contre ceux qui voudraient les détruire que la force armée.

Rien n'est plus naïf et sociologiquement déraisonnable que de comprendre une civilisation en faisant abstraction de sa puissance militaire. Toute l'histoire humaine dément cette illusion. Athènes n'est pas seulement la ville qui a abrité Socrate et Phidias, mais aussi une puissance militaire qui a réussi à préserver son originalité grâce au génie stratégique de Miltiade, de Cimon et de Thémistocle. Comment pourrait-on séparer le rayonnement de la civilisation grecque de son expansion sur les côtes d'Asie, d'Afrique et d'Italie ? Héraclite était un grec de Milet, Empédocle un Sicilien d'Agrigente et Aristote un Stagyrite, donc originaire de Thrace. La civilisation romaine ne se limitait pas à la seule ville de Rome, mais elle s'étendait au rythme des conquêtes militaires. Et puis, nous avons suffisamment insisté plus haut sur le fait que la civilisation européenne est devenue universelle parce qu'elle a conquis le monde entier. Devrions-nous regretter cet impérialisme ? Dans ce cas il faudrait, en toute honnêteté, également condamner tout le bien-être dont nous jouissons, non seulement l'automobile ou l'avion, mais aussi la sécurité sociale et les principes du droit international. Il me semble par conséquent faire preuve de niaiserie que de faire croire que les valeurs d'une civilisation se défendraient d'elles-mêmes, sans substrat matériel et sans volonté agressive. De ce point de vue certains pacifistes m'apparaissent comme des fossoyeurs de la civilisation européenne qu'aucune justification éthique ou religieuse ne saurait légitimer, parce qu'ils méconnaissent l'importance du facteur militaire dans une civilisation. Une civilisation est un tout humain, elle ne se laisse pas découper en rondelles, dont on pourrait jeter les unes à la poubelle, pour ne savourer que celles qui flattent notre goût, selon une sélection subjective et arbitraire même bien intentionnée sous l'angle de la morale religieuse. Il est vrai, une civilisation définit une éthique, mais elle ne se réduit pas à cette seule dimension, car elle englobe tous les aspects de la vie et de l'expérience, dont certains sont désagréables. Dans le cas contraire, une civilisation ne serait qu'une simple philosophie théorique au service d'une élucubration théologique. Or, une religion ne se laisse pas abaisser à ce qu'en voudraient faire les théologiens et une civilisation à ce qu'en voudraient faire les seuls politiques.

S'il est vrai qu'en politique il faut envisager le pire et se donner les moyens de le conjurer, le pire pour la civilisation européenne serait de perdre la liberté critique qui fait sa spécificité. Le fait incontestable est que ceux qui la menacent disposent d'un arsenal militaire surabondant, alors que l'Europe même n'est pas en puissance de les agresser. Il faut quand même poser la question qui peut paraître naïve aux esprits super-généreux : pourquoi la Russie soviétique continue-t-elle à augmenter le volume de ses armes alors qu'elle dispose déjà d'une puissance plus que redoutable ? Dans quel dessein ? La loi de la réciprocité, qui n'est rien d'autre que la capacité de dissuasion, exige que, pour faire face à cette menace, l'Europe s'arme à son tour, à moins qu'elle ne renonce d'avance à défendre la liberté critique qui constitue son apanage et son patrimoine propre comme civilisation originale entre toutes les civilisations. Quiconque a de la politique une conception phénoménologique, c'est-à-dire fondée sur l'expérience plusieurs fois millénaire de l'humanité, sait que la paix s'est toujours établie sur un rapport de forces. Elle repose donc sur la peur, ce qui veut dire la dissuasion. Il en a toujours été ainsi, et il est probable qu'il en sera de même à l'avenir, en dépit de toutes les fantasmagories idéologiques. Or, la dissuasion n'est chaque fois possible que si de part et d'autre les virtuels ennemis disposent du même armement. Il se trouve que de nos jours celui-ci est de nature nucléaire. Par conséquent, la dissuasion n'est possible que sur cette base, ou alors l'un des ennemis virtuels accepte d'emblée d'être à terme assujetti par l'autre.

Je le confesse, ces réflexions n'ont rien d'idéalement séduisant, mais elles correspondent à l'expérience historique implacable et inéxorable que les plus belles idées ne parviennent pas à exorciser. Mon rôle n'est pas celui d'un prédicateur, même si de nos jours la prédication a quitté les chaires des églises pour les tribunes politiques, mais celui d'un philosophe sociologue attentif à ce qui est constatable et repérable dans toutes les sociétés. Si la composante militaire est inhérente à toute civilisation, il serait insensé et catastrophique pour la civilisation européenne de se priver de ses moyens de défense pour faire plaisir à des rêveurs. Elle est confrontée à des ennemis qui ne cachent pas leurs ambitions ; elle ne peut donc que se conformer à la loi de l'inimitié qui implique le rapport de forces. Ce n'est qu'à cette condition qu'une négociation sur le désarmement est possible, étant entendu qu'une négociation politique a elle aussi pour base le rapport donné des forces. Celui qui estime que ses forces sont supérieures à celles de ses adversaires ne négocie pas, c'est-à-dire il fait mine de négocier rien que pour ajourner le débat sur le fond. C'est en ce sens qu'il me semble que la civilisation européenne court les plus grands risques, si, par pacifisme irréfléchi, elle mésestime le poids du militaire, intrinsèque à toute civilisation, et par conséquent également à la civilisation européenne.

Quoi qu'on en dise, le militaire est porteur d'un esprit, précisément de celui de la société ou de la civilisation qu'il est chargé de défendre. L'arme matérialise une idée. En effet, le militaire n'est pas coupé de la société environnante, car comme l'intellectuel ou l'entrepreneur, il en est une des images. Si une société ou une civilisation renonce à la lutte, le militaire, bien qu'il soit l'organisation spécialement destinée au combat, ne pourra pas maintenir ce que le reste de la population est prête à abandonner. On voit par exemple mal comment on pourrait constituer une armée décidée à combattre si les soldats qui la composent sont en grande majorité acquis aux illusions du pacifisme.

Estimer que la civilisation européenne s'est engagée dans la voie de la décadence, c'est inévitablement faire des prévisions concernant son avenir. Il est clair que l'on ne saurait enrayer un tel processus uniquement avec des mesures législatives, si appropriées et ingénieuses qu'elles puissent être, car, si la mentalité générale n'est pas en accord avec ces propositions elles sont condamnées à l'inefficacité. Si l'on veut redonner aux Européens foi en leur civilisation, il faut leur faire comprendre la spécificité de l'œuvre accomplie par leurs ancêtres et qu'il convient de poursuivre. S'ils ne sont pas convaincus de la noblesse de la tâche ils ne sauront opposer la résistance indispensable aux visées de leurs ennemis. Une décadence a généralement sa source dans l'infidélité aux principes de la civilisation concernée. Pour ce qui concerne l'Europe ces principes se laissent résumer en deux qui me paraissent essentiels : le sens de la vérité et le sens des libertés.

La caractéristique profonde de la civilisation européenne, qui a conditionné l'essor prodigieux de la science et de la technique et façonné l'esprit critique et philosophique, réside dans l'idée de la recherche de la vérité. Aucune autre civilisation ne s'est jamais engagée dans cette voie, et si aujourd'hui elles le font, c'est parce qu'elles ont hérité de l'Europe l'esprit de la recherche méthodique, de l'investigation critique et de l'enquête prospective. Elles vivaient sur un corps de vérités toutes faites, en général imposées par le pouvoir politico-religieux et qui se perpétuait par tradition. Pour les Européens seuls, la vérité était l'objet d'un libre examen et d'une recherche indéfinie, mettant sans cesse en cause l'acquis. Bien sûr on objectera que cet esprit n'était pas totalement absent de certaines civilisations, mais l'on ne peut apporter à l'appui que l'une ou l'autre tentative fragmentaire. Hélas ! de nos jours cet esprit est mis en question en Europe même, sous la pression d'une mentalité étrangère qui fait chez elle obstruction à la liberté de la recherche et s'efforce de prescrire autoritairement aux gens ce qu'ils ont à penser. La liberté de critique consistait par exemple pour Lénine uniquement dans celle d'attaquer ses adversaires, sur la base de la doctrine marxiste qu'il considérait comme indiscutable et infaillible et qui pour cette raison devrait échapper à toute critique. C'est ce qu'il expliquait dans *Que Faire* ?

Il n'arrive que trop souvent que les intellectuels européens s'abstiennent d'analyser le marxisme-léninisme et ses conséquences pour n'avoir pas à essuyer le reproche de faire de l'anticommunisme primaire. Du même coup, ils abdiquent le sens de la vérité qui constitue leur force et ils se font indirectement les complices d'une pensée dogmatique et despotique qui est aux antipodes de l'intellectualité européenne. Il faut regretter que les spécialistes de la pensée politique européenne, à l'exception de l'un ou de l'autre, tel A. Besançon, n'aient guère analysé jusqu'à présent la doctrine de Lénine et ses implications, car ils découvriraient qu'il a été le promoteur de toutes sortes de techniques pour emprisonner et subvertir les esprits. Le mensonge opportuniste a toujours été un instrument de gouvernement, mais le mensonge méthodiquement organisé et permanent a été préconisé par Lénine. Or, cette façon de procéder envahit actuellement la politique européenne, en ce sens que pour couvrir un mensonge on en invente encore de plus gros dans l'incohérence la plus totale, de sorte que les citoyens sont dans l'incapacité de faire la part des choses avec discernement. Il s'agit là d'une véritable gangrène qui pourrit les chances de la prise de conscience, de la part des Européens, de la spécificité de leur pensée.

Le second principe consiste dans le sens des libertés (au pluriel). La liberté au singulier est une fin dernière, de caractère eschatologique, que l'on invoque le plus souvent pour opprimer ceux auxquels on la promet. La croyance aux libertés est spécifiquement européenne, parce que, seule, elle a élaboré une idée claire de la transcendance. A la différence des civilisations animistes ou polythéistes, elles n'a pas conçu l'au-delà comme un prolongement dans l'ordre de l'invisible des passions et des agissements humains, par conséquent dans un contexte qui demeurerait immanent puisqu'il n'est qu'une récurrence des choses trop humaines. La particularité de la civilisation européenne a été de prendre conscience d'une transcendance qui échappe aux lois purement humaines, au sens où Dieu est l'unique qui est totalement libre, de sorte qu'il était possible d'aménager dans notre vie des espaces et des failles où logent les libertés. La transcendance n'est pas une addition plus ou moins sublimée de caractères immanents, mais une sphère pour soi. On ne saurait comprendre la philosophie, par exemple de Descartes, de Kant et même de Nietzsche, sans cette conscience de la transcendance qui, en retour, se traduit par la reconnaissance de la dignité de l'homme. Dans un monde limité à l'immanence, la libre critique devient nécessairement une faute qu'il faut punir, étant donné que la vérité ne peut y être autre que celle que le pouvoir proclame et la liberté que les concessions qu'il octroie.

On observera que je ne classe pas l'égalité parmi les principes propres à la civilisation occidentale. C'est qu'on la rencontre aussi dans les autres civilisations, où elle constitue souvent la structure fondamentale de la société que l'on maintient dans l'asservissement au nom de ce principe. On y tient tous les sujets dans une égale condition. Montesquieu soulignait déjà que « l'esprit d'égalité extrême ... conduit au despotisme d'un seul »[44]. Aussi n'était-il favorable qu'à l'égalité devant la loi. Nous avons nous-mêmes

---

[44] Montesquieu, *L'esprit des lois*, liv. VIII, chap. II.

souligné plus haut qu'il y a nécessairement dans toute société des relations d'égalité et de hiérarchie. On s'égare lorsqu'on veut réduire l'ensemble des relations sociales à la seule égalité, au sens de l'égalitarisme moderne dont certains socialistes se font les avocats. L'égalité comprise en ce sens serait même un des facteurs de la décadence de l'Europe. En tout cas, ce n'est pas par cet aspect que la civilisation européenne est spécifique, car il l'entraînerait dans l'orbite des autres civilisations. Ce qui lui est propre, qui s'accorde avec son sens des libertés, c'est l'égalité des citoyens devant la loi.

Le signe indiquant que la décadence serait vraiment irrémédiable se laisse dès lors repérer : ce serait la perte du sens des libertés et de la vérité. En effet, l'Europe y perdrait sa substance, sa raison d'être et son âme, parce qu'elle aurait renoncé à ses conquêtes essentielles. Il faut inclure dans les libertés celle de l'économie, qui fut la condition de l'abondance qu'elle a créée. Elle y perdrait également son esprit critique et la logique de la contradiction qui lui permet de maîtriser les contradictions entre le même et l'autre, l'absolu et le relatif, la raison et l'expérience. Ce ne sont quand même pas les pays dits socialistes qui donnent l'image d'une économie florissante et bien gérée ou de l'ouverture aux débats et aux antagonismes. Si le malheur devait arriver, soit par décomposition interne, soit sous l'effet des pressions extérieures déjà très fortes, elle subirait la loi de l'oppression qui se généralise dans le monde. Elle se serait fait envahir matériellement ou géographiquement et spirituellement. Le repli sur ses frontières géographiques met encore davantage en évidence le fait qu'elle constitue une île, si l'on considère qu'elle a réussi par sa propre initiative d'introduire les principes de la justice et de la sécurité sociale, l'idée d'une justice équitable distribuée par des juges indépendants ou encore la constitution de bibliothèques, de musées et d'archives.

La mauvaise foi, à laquelle succombent déjà de nombreux Européens, en général sous l'influence de cercles socialistes et religieux, dresse un catalogue de méfaits et de tares dont l'Europe serait coupable : capitalisme, impérialisme, colonialisme, etc. Il n'est pas question de laver l'Europe de ces accusations, car elle tombe sous leur chef, mais s'agit-il de flétrissures aussi calamiteuses qu'on le proclame ? Le capitalisme par exemple est, qu'on le veuille ou non, la source d'une abondance que l'univers n'a jamais connue. Elle est mal distribuée, mais l'Europe n'en est pas seule responsable. Les abus du capitalisme ne constituent pas une objection suffisante ni pertinente contre la vérité historique de son œuvre. Il existe une faim dans le monde, mais elle ne date pas de l'apparition du capitalisme. Il est tout simplement odieux de lui imputer exclusivement cette détresse. Lorsque des pays du Tiers Monde parviennent à s'en sortir relativement du point de vue économique, ce n'est pas en appliquant la formule socialiste qu'ils y réussissent, mais la formule capitaliste, qui reste pour le moment le meilleur moyen de combattre la pénurie. Si l'on tient cependant à se fixer exclusivement sur le registre des abus, il convient aussi de faire une comparaison entre ceux qui existent dans les pays qui acceptent les contraintes de la civilisation et de l'esprit européen et ceux qui les rejettent. De toute façon, j'aimerais connaître la civilisation qui serait restée indéfectiblement pure et impeccable sur ce chapitre. Il est recommandable que l'on fasse des efforts pour corriger les malfaisances, mais nous sommes aujourd'hui confrontés à un mensonge organisé qui présente les pays livrés à l'économie dirigiste qui engendre la pénurie et dans lesquels il n'existe aucune des libertés élémentaires, comme les pionniers de l'émancipation générale du genre humain. Rien ne bafoue tant l'esprit de vérité critique que cette mystification entretenue délibérément.

Plutôt que de rester sur la défensive, face à ces accusations artificieuses, il serait plutôt propre à la vocation de l'Europe, en vertu de sa tradition, d'adopter une attitude plus offensive, y compris dans l'aire de ses frontières géographiques. L'attitude purement défensive risque de la précipiter à terme dans une décadence plus grave, dans la mesure où elle se laisse subvertir par des manœuvres qui ont pour but de l'affaiblir en la culpabilisant. Le monde a encore besoin de l'Europe, si les hommes estiment nécessaire de faire triompher les chances de la vérité et des libertés. Une telle action contribuerait au surplus à sa sécurité, qui ne dépendrait plus seulement des armes, mais également du respect de la dignité spirituelle.

Le génie européen a été unique au regard des avantages qu'il a apportés au monde. Il n'est pas exclu qu'il puisse également exister un génie de la décadence. Dans ce cas, il n'y aurait plus lieu de déplorer la décadence européenne si celle-ci pouvait coïncider grâce au rayonnement de son esprit, de son sens des libertés et de la vérité, avec les extrémités de la Terre. Ce ne serait plus une décadence par épuisement, mais par accomplissement de son destin.

JULIEN FREUND

Europa im Niedergang?

JULIEN FREUND

Europa im Niedergang?

Mit einem Geleitwort von Prof. em. Dr. Serge Sur

Edition EuroPOLIS

IMPRESSUM

Hackescher Markt 4, 10178 Berlin

Umschlaggestaltung: Inga Kerber
Abbildung Umschlag: Valentin Alexandrowitsch Serow
(1865–1911). „Raub der Europa“, 1910.
Gesamtherstellung: verbum GmbH, Berlin

ISBN 978-3-9820256-0-5
ISSN 2193-5289

Zum Gedenken an Charles Vallée,
dem ehemaligen Directeur des Etudes de l' ENA
und Vorstandsvorsitzenden a. D.
der *Éditions Dalloz.*
Dem Meister und Freund.

VORWORT

Man kennt Julien Freund als Jünger von Raymond Aron, der sein Doktorvater war und seine Arbeit über die Essenz des Politischen sehr schätzte. Man kennt ihn ebenso als einen derjenigen, die mit Carl Schmitt im Dialog standen, obwohl Letzterer aufgrund seiner früheren Verbindung mit dem Nazi-Regime wissenschaftlich ausgestoßen worden war. Ein Mann voller Kultur – ja sogar der Gelehrsamkeit – war Julien Freund auch ein Mann der Offenheit. Die geistigen Strömungen, die er akzeptierte, umfassten sowohl Carl Schmitt als auch Max Weber. Letzteren hat er in Frankreich bekannt gemacht ebenso Vilfredo Pareto. Sein Werk über décadence ist eines der letzten Bücher, die er zu Lebzeiten veröffentlicht hat. Die Liste seiner Veröffentlichungen war übergroß. Dieses Buch schließt ein Leben voller Studien und Reflektionen. Es trägt zweifelsohne die Spur einer gewissen historischen Melancholie, jener historischen Melancholie, zu der der Bruch der Universitätstraditionen durch den Mai 1968 auch gehörte. Dieser Bruch hat den Ordinarius der Universität von Straßburg, der er damals war, in besonderem Maße getroffen. Man erinnert sich daran, dass diese Universität die Heimstatt der Randalierer von Straßburg – der ursprünglichen Studentenrevolte war – jener

Mischung aus Surrealismus und Freudschem Marxismus, die sowohl Verwünschung als auch Lächerlichkeit praktizierte. Wenn auch die Biographie von Julien Freund seine Weltauffassung beeinflusst hat, so muss man doch zwischen dem Menschen und seinem Werk unterscheiden. So respektabel die Universitätslaufbahn dieses Ordinarius auch ist, so wenig unumstritten war seine Gedankenwelt. Dies gilt sowohl für seine Beiträge zur Dekadenz als auch auf anderen Gebieten. Hier bleibt Freund ein umstrittener Geist. Aber diese Umstrittenheit macht ihn auch interessant, weil sie die Diskussion anregt.

Julien Freund (1921–1993) ist ein Elsässer, der in der Nähe der Mosel aufgewuchs. Er bleibt dieser Heimaterde stets treu verbunden. Den wesentlichen Teil seiner Universitätslaufbahn hat er im Elsass an der Universität von Straßburg verbracht. Die familiären Wechselfälligkeiten haben dazu geführt, dass seine Universitätslaufbahn langsam und mit Erschütterungen verlief. Hierzu gehört auch, dass er sich während der Besatzung in die Universität von Clermont-Ferrand zurückgezogen hat. Er ist sehr schnell ein Mann des Widerstands geworden und zwar nicht nur auf dem Papier, denn er hat die betreffende Besatzungszeit in der *maquis* verbracht, nachdem er den Kerkern von Vichy entkommen war. Er kämpfte an den Seiten der Francs-tireurs Partisans (FTP), einer den Kommunisten unterstellten Organisation. Aber er geriet nie – im Unterschied zu vielen französischen Intellektuellen jener Zeit – in Versuchung, sich von der marxistischen Ideologie locken zu lassen. Viel zu unabhängig, um sich einer totalitären Doktrin anzuschließen, blieb er einem konservativen Liberalismus treu, der es ihm erlaubte, alle Gedankenrichtungen mit heiterer Ausgewogenheit zu betrachten. Dies bedeutet nicht etwa nur Skeptizismus sondern Freiheit im Urteil. Auf diesem Gebiet – wenn auch die Ansichten unterschiedlich waren – kann man ihn mit Albert Thibaudet vergleichen. In dem damals vorherrschenden Klima des kalten Krieges machten ihn seine Analysen nach dem Vorbild von Raymond Aron zum Antikommunisten. Zweifelsohne hatte er – ähnlich seinem

berühmten Meister – die Macht und die kriegerischen Absichten der Sowjetunion überschätzt. Der Mai 1968 muss ihm als eine Verstärkung jenes Schattens der kommunistischen Bedrohung über Europa erschienen sein. Seine Feindschaft gegenüber der Entwicklung der Universität, die in seinen Augen damals den Trend zur Dekadenz zusammenfasste, hat ihn dazu veranlasst, frühzeitig in den akademischen Ruhestand zu treten. In der Einsamkeit und Stille seines Arbeitszimmers hat er sein Alterswerk verfasst.

Wenn wir nun zu seiner Gedankenwelt übergehen, so erscheint es angemessen daran zu erinnern, dass dieselbe ein Beispiel für den deutschen Moment in der französischen Ideenwelt ist. Zweisprachig und Verfasser verschiedener Texte auf Deutsch, Übersetzer von Max Weber, so konnte sich Freund mit Leichtigkeit zwischen zwei Kulturen hin und her bewegen. Seine Aktivität im französischen Widerstand hat ihn nicht daran gehindert, nach dem Muster von Robert Schumann die deutsch-französische Annäherung zu unterstützen und so ist aus diesen Gaullisten im Krieg ein Anhänger der europäischen Konstruktion geworden. Wenn man sich nunmehr auf sein Werk, La Décadence – ein Buch mit Götterdämmerungs-Charakter – konzentriert, so ist man einerseits beeindruckt und verführt von dem Umfang seiner Kenntnisse und der Gelehrsamkeit, von der er Zeugnis ablegt und dies allein durch die Leichtigkeit, mit der er Tatsachen und Begriffe der Geschichte in enzyklopädischer Weise entfaltet. Andererseits ist man wenig überzeugt von der systematischen Dimension des Begriffs der Dekadenz, genauer formuliert, von der These, wonach das abendländische Europa sich im Niedergang befinde und zwar sowohl in den 80er Jahren als auch heute. Aus diesem Grunde gehört dieses Werk Freunds nicht zur Soziologie sondern zur Ideengeschichte und gesellt sich zu jenen Werken, die seit langem diese These vertreten. Dort erscheint die Geschichte wie ein Totentanz – ein Friedhof der Kulturen und der Völker –, auf dem sich verschwundene Reiche und blühende Gesellschaften häufen. Es ist bekannt, dass diese These nicht neu ist und dass die Autoren, die sie aufgestellt haben, die Zeit damit

geprägt haben. Der Verdienst des Werkes über Dekadenz besteht darin, all diese Ideen zusammengefasst zu haben und sie auf unsere Zeit und unsere kleine eurasische Halbinsel angewandt zu haben. Hierzu lädt dieses Werk ein und hierin liegt zugleich sein kontroverser Charakter.

Im Rahmen eines Vorworts kann man nicht in die analytische Diskussion eines Wälzers einsteigen, der hin und wieder redundante Passagen und Wiederholungen enthält. Man kann lediglich einige Begriffe, die dem Leser verwirrend erscheinen, aufgreifen und denselben einige Unterscheidungen beifügen, um ihren Sinn zu präzisieren. Dies gilt auch für den Begriff der Dekadenz. Freund spricht ohne Unterschied von Rückgang und Niedergang. Es handelt sich hierbei aber um unterschiedliche Gedanken. Für eine Gesellschaft ist der Niedergang zerstörerisch und irreversibel, selbst wenn sich auf seinen Ruinen ein neues Gemeinwesen konstituiert. Der Rückgang ist demgegenüber relativ und aufhaltbar. Er ist gebunden an den Aufstieg anderer Gesellschaften, die beherrschend werden, nicht nur als Mächte sondern genauso gut als Modelle. Kann man Europa nunmehr betrachten als im Niedergang oder nur im Rückgang befindlich? Im Niedergang ist es sicherlich nicht. Ist es nicht heute gerechter, solidarischer, wohlhabender und bietet es seinen Bürgern nicht mehr Entwicklungspotential an als noch vor einem Jahrhundert? Ist es nicht mehr wert, Bürger eines Staates zu sein, der frei ist, statt mehr oder weniger Untertan in einem feudalen Königreich zu sein? Im Grunde genommen übersetzt Freunds Dekadenz-These den Pessimismus seiner Anhänger, die sich als eine Aristokratie ansehen, die die neue Zeit beklagen. In einem Film von 1951, *Belles de Nuit*, veranschaulicht René Clair diese Haltung. Man nimmt dort an einer regressiven Zeitreise teil und bei jeder Etappe der Vergangenheit findet man denselben Alten, der die Dekadenz seiner Zeit beklagt und an die Schönheiten seiner Epoche erinnert, als er 20 Jahre alt war. Man bezieht sich also auf diese Periode und entdeckt eine Welt, die nicht weniger bewegt war, und gelangt so irgendwann zur Vorgeschichte.

Denn wenn es Niedergang gibt, wo ist dann das Goldene Zeitalter? Ist es das Ancien Régime im Verhältnis zur Revolution? Talleyrand schrieb, dass derjenige, der nicht die letzten Jahre des Ancien Régimes gekannt hatte, auch nicht die Lieblichkeit des Lebens erfahren hat. ... Aber einige Jahrzehnte vorher veranschaulichte der Graf von Saint-Simon in seinen Memoiren die entsetzliche Dekadenz der Monarchie und des Hofes von Ludwig XIV., indem er voraussagte, dass all dies vergehen werde. Vergehen ist in der Tat das Schicksal jeder Generation und ihrer Referenzen sowie der besonderen Formen eines Gemeinwesens. Denn jede Gesellschaft wird durch Bindungen konstituiert – jene Bindungen, die sich schaffen und sich zerstören, die sich im Rhythmus der Generationen konstruieren und die sich dekonstruieren. Dies geschieht dergestalt, dass neben der Abfolge von Generationen als Motor der Gesellschaften oder der Geschichte eine Evolution existiert, die langsam und kollektiv ist. Es ist also der objektive Begriff der Evolution, der angemessen denjenigen des Niedergangs ersetzen müsste – jenes Niedergangs, der ein Werturteil umfasst und den Akzent auf nur negative Aspekte legt. Aber jede Gesellschaft enthält zu bestimmten Momenten positive Elemente ihres Gemeinwesens oder auch negative. Warum nur aus der Negativität die Triebfeder der Geschichte machen? Sind die schwarzen Löcher die Essenz des Universums? Ist die Starrheit größer und stärker als die Dynamik von Gesellschaften? Ganz konkret: Wenn man das Europa der Zeit der Entstehung des Werkes *La Décadence* mit dem Europa von heute vergleicht, ist man wirklich berechtigt, als Zeichen der Dekadenz den Fall des Kommunismus, die Ausbreitung der Demokratie und die Revolution des Internets und ihre multiplen Applikationen ansehen? Man kann natürlich die These aufrechterhalten, dass Europa so stark zurückgegangen sei, dass seine Rolle in den unterschiedlichen Kraftfeldern der Welt im Verhältnis zu den dominierenden Mächten geschwächt und dass Europa nicht länger die Heimat der wissenschaftlichen Kreativität und Technologie sei. Dies bedeutet aber nicht, dass Europa aus diesem Grunde dekadent sei. Nichts ist

mit Gewissheit wahr und obschon es negative Elemente gibt, die sehr präsent sind, bleibt Europa jener Platz, wo es sich am besten leben lässt.

Nun wird man nicht bestreiten können, dass Gesellschaften verschwanden, dass sie gar zerstört worden sind, liquidiert aus der Geschichte und dass sie in den Bibliotheken und Museen keinerlei Platz mehr innehaben. „Unsere anderen Zivilisationen – wir wissen nun von ihnen, dass sie sterblich sind“, schrieb Paul Valéry. Zweifelsohne schrieb er dies unter der Bedingung, dass der Begriff der Kultur denjenigen der Zivilisation ersetzt. Kulturen sind in der Tat immer regional. Dies macht sie sterblich, weil sie nicht in der Lage sind, sich anzupassen und ihre Koexistenz führt auf den Friedhöfen zu separierten Abteilen. Im Gegenteil hierzu ist die Zivilisation unaufhörlich in Bewegung, weil sie sich durch ihre eigene Überwindung entwickelt. Sie entwickelt sich auch durch die Kontestation, die sie in ihrem Inneren akzeptiert. Sie ist auf diese Art und Weise nomadenhaft und mobil und steht sowohl im Raum als auch in der Zeit. Sie liquidiert indessen nicht die Vergangenheit, sondern nährt sich von ihr so wie das griechisch-römische Erbe die abendländische Zivilisation nährt. Gleiches gilt für das jüdisch-christliche Erbe. Die Zivilisation zerstört sich nicht. Sie ist in ständiger Metamorphose. Sie ist ein Vehikel, das seinen eigenen Raum schafft und seine eigene interne Dynamik entwickelt. Man kann natürlich eine gewisse Nostalgie für ehemalige Formen entwickeln, eine Liebe zur Morosität, eine Ästhetik der *feuilles mortes*. Gelehrsamkeit ist sehr häufig mit dieser Haltung verbunden, so als ob die Vergangenheit nie vergangen wäre und es darauf ankomme, all ihre Fetische zu bewahren. Sie hat insofern eine narzisstische Dimension. Sie ist eine intellektuelle Obsession, die es häufig vermeidet zu denken. Statt dessen häuft sie an, wiederkäut und ersetzt die Reflexion durch die Akkumulierung toter Fakten. So nimmt sich die Dimension einer Rhapsodie aus.

In dem Werk, *La Décadence*, findet man auch die Spuren des Begriffs des Politischen, die Julien Freund bei Carl Schmitt erlernt

hat, also die Unterscheidung von Freund und Feind als Kriterium des Politischen. In seinem Werk wird die pessimistische Seite des „Dekadentismus“ vervollständigt. Dadurch, dass Politik und Polemos verwechselt werden, also jene Gegensätze, die bereits Plutarch gebrauchte. Man kann die Nähe dieser Analyse zu den Gedanken von Clausewitz als Fortsetzung der Politik mit anderen Mitteln messen. In dem vorliegenden Fall handelt es sich indessen um die Politik als Fortsetzung des Krieges mit anderen Mitteln. Die Gesellschaften wären auf diese Art und Weise natürlich polemisch. Hierbei handelt es sich um eine ärgerliche Verwechselung zwischen Politik und Krieg. Folgt man dieser Analyse, so kann der politische Erfolg auf nichts anderem beruhen als auf der Vernichtung des Gegners. Es ist nicht nur überraschend, dass die Gesellschaften, die dieses Konzept teilen, zur Diktatur und Selbstzerstörung verurteilt sind. Dies wurde in der Tat im Clausewitz‘schen Europa in zwei Weltkriegen bewiesen. Wir sind hiervon heute weit entfernt. Die politischen Gesellschaften regeln ihre internen Divergenzen auf friedliche Art und Weise – so wie es seit langer Zeit in den Gesellschaften des abendländischen Europas geschieht. Historisch gesehen hat Heinrich IV. durch das Edikt von Nantes zugunsten der Protestanten die Religionskriege beseitigt und war auf diese Weise sehr viel politischer als Ludwig XIV., der auf seine Art die Dämonen der Intoleranz wiedererweckt hat. Die Evolution war also definitiv positiv. Positiv ist ein Begriff, der demjenigen des „Fortschritts“ vorzuziehen ist. Dies gilt ebenso für den ideologischen Begriff der Evolution, der demjenigen der Dekadenz und der von Julien Freund kritisierten Progressismus- Ideologie vorzuziehen ist. Aber der Evolutionsgedanke geht nicht bis zum Ende seiner Logik, weil Fortschritt und Dekadenz sich gegenseitig spiegeln.

Die Politik – im Gegensatz zur These von Carl Schmitt unterstützt von Julien Freund – hat zum Ziel, eine Gesellschaft um den Begriff des allgemeinen Interesses zu sammeln. Wenn sie sich in einem zivilisatorischen Geist entwickelt, bleibt sie gleichwohl gegenüber oppositionellen Strömungen offen, die innovierend die

wissenschaftlichen und technologischen Entwicklungen markieren. Diesbezüglich mag man sich darüber freuen, dass in diesem Punkt der Pessimismus von Julien Freund widerlegt worden ist. Sein Werk bleibt ein Zeugnis, eine Etappe des dekadentistischen Denkens, die man besser kennen sollte, wenn man möchte, dass sie überwunden wird. Wenn man auf diese Art und Weise zur Psychologie zurückkehrt, so darf man fragen, ob dieses Buch nicht der gewollten Einsamkeit seines Autors, seiner Nostalgie, seiner Desillusionierung geschuldet ist. Dieser Einsamkeit könnte man mit einem Wort von Paul Valery entgegnen: „Der einsame Mensch ist immer in schlechter Gesellschaft"?

Julien Freund ist indessen in guter Gesellschaft mit seinem Übersetzer *Markus C. Kerber*, der – ohne seine Thesen zu vertreten – seinen Text den deutschsprachigen Lesern präsentiert. Freund und sein Übersetzer sind Grenzüberschreiter. Das ist ihr gemeinsamer Nenner. Um das europäische Projekt voranzubringen, sind solche Ideenschleuser unverzichtbar.

Serge Sur
Prof. em. Dr. Universität Panthéon-Assas (Paris 2)

EUROPA IM NIEDERGANG?[1]

Auf diese Frage antworte ich ohne Zögern mit ja. Gleichwohl handelt es sich nicht um ein Urteil ohne Berufung, sondern um eine Beurteilung, die sich auf eine kritische Interpretation gewisser historischer Fakten stützt. Da es sich zudem um eine Interpretation handelt, verstehe ich nur zu gut, dass sie jene schockiert oder gar in Aufruhr zu bringen vermag, die sich für die Jünger des unbeschränkten Fortschritts halten. Immerhin vermag ihr Aufbegehren nichts anderes sein als eine Interpretation ihrerseits, die sich an anderen Bezugspunkten orientiert. In der Tat gibt es genauso wenig einen absoluten Niedergang wie es einen absoluten Fortschritt gibt. In beiden Fällen müssen wir zwischen Bezugspunkten, allerdings unterschiedlichen, wählen. Wenn man also die Frage als solche stellt, bedeutet dies, dass man eine möglichst sachgerechte Auswahl der Elemente der Interpretation trifft und hierbei ideologische Bekenntnisse genauso wie parteiliche Voreingenommenheit vermeidet. Diese Vorgehensweise ist schwierig einzuhalten, weil in unserer Zeit die Berufsintellektuellen ohne Einsichtsvermögen sind und daher jene, die die Kategorie des Niedergangs in ihre Reflexion einbeziehen, ganz allgemein als Reaktionäre oder Konservative qualifizieren und zwar unter dem Vorwand, dass man diese außerhalb des geschichtlichen Verlaufs zu platzieren habe. In Wirklichkeit gründet sich jede Beurteilung des Niedergangs – bejahend und verneinend – auf eine allgemeine Konzeption der Geschichte. Jedenfalls ist es nicht wahr, dass der Anhänger des Fortschritts notwendigerweise eine optimistische Vision habe. Denn in vielerlei

---

1 Der zugrundeliegende Text stammt aus dem Buch von Julien Freund mit dem Titel La Décadence – Die soziologische und philosophische Geschichte einer Kategorie menschlicher Erfahrung, Edition Sirey, Paris 1984. Wir danken dem Verlag für die freundliche Genehmigung des Abdrucks. Hinsichtlich des Autors Julien Freund verweisen wir auf das Vorwort von Prof. Serge Sur.

Hinsicht ist sie zutiefst pessimistisch. Die Debatte, die ich in dieser Zusammenfassung entfachen möchte, betrifft unvermeidlich die mögliche Interpretation der Welt und der Geschichte. Dabei geht es darum zu wissen, ob man bedingungslos an den Fortschritt – egal in welcher Form – glaubt oder an die Fortschrittsvergrößerung oder gar an den Fortschritt durch Revolution, ohne sich dabei eine kritische Auffassung vom Gang der Ereignisse zu machen, weil man jedwede epistemologische Bedeutung des Vorgehens im Wege einer Interpretation ignoriert oder verkennt.

Ich wage zu hoffen, meine Gegner mögen mir zugestehen, dass das Konzept des Niedergangs eine fundamentale Kategorie historischer Interpretation ist. Wenn man nicht die vergangene Geschichte vollständig negieren will, muss man zugestehen, dass das Ägypten der Pharaonen – genauso wie das Römische Reich oder das Reich der Inka – verschwunden sind. Gleiches gilt für Spanien und Portugal, die im 16. Jahrhundert fast alle Besitzungen, die durch die Entdecker erforscht wurden, verloren haben und zwar in Folge eben dieser Domination. Ähnliches gilt auch für England, das nicht länger jene Macht ist, die es noch zu Anfang des 20. Jahrhunderts darstellte. Der Niedergang bringt nichts anderes als den Umstand zum Ausdruck, dass es in der Geschichte der Völker ein Auf und Ab gibt, weil kein Volk für immer definitiv in demselben Zustand verbleibt. Diese Oszillationen können aus einer Steigerung der Macht oder im Gegenteil aus ihrer Schwächung folgen; einer Schwächung im Vergleich zu einem vorherigen Zustand, der als Bezugspunkt dient. Mit anderen Worten: die Historiographie könnte nicht auf das Konzept des Niedergangs verzichten, es sei denn, man sieht die Geschichte als eine einfache Folge von uniformen Ereignissen an. Bei dieser Betrachtungsweise müsste man sich indessen fragen, ob die Geschichte überhaupt noch existiert.

Die Vergangenheit der Völker wird uns also erkennbar, wenn wir sie mit der Kategorie des Niedergangs interpretieren. Die Bekämpfung dieser Interpretationsmethode hängt eng mit der Erscheinung des Glaubens an den Fortschritt zusammen und zwar in

dem Sinn, dass sich die Menschheit in ihrer Gesamtheit notwendigerweise im Sinne eines nachhaltigen Fortschritts zum Besseren, also einer fortgesetzten Perfektionierung befinde. Der Streit der Alten oder Neuen hat diese Idee, die man schon bei mehreren früheren Autoren findet – so z. B. im Fragment einer „Abhandlung über das Leere“ von *Pascal* – vulgarisiert. Wir werden etwas später diese Frage des Niedergangs und des Fortschritts erneut aufgreifen. Demgegenüber können wir uns bereits jetzt fragen, durch welches Wunder der unbestimmte Fortschritt die historische Erfahrung anhaltenden Niedergangs unterdrücken könne? Wie können wir auf der Grundlage der noch recht kurzen Herrschaft der Fortschrittsideologie über die gesamte Abfolge der künftigen Geschichte ein Urteil fällen und dabei die tausenden Jahre von Menschheitsgeschichte vollständig verstecken? England stand an der Spitze des Fortschritts und dennoch wurde es nicht vom Niedergang verschont. Es ist daher schwierig zu verstehen, dass eine Variante, die seit jeher die Geschichte der Völker bestimmt hat, auf einmal – wie ein Zauber – verschwinden könne. In diesem Fall müsste man die Möglichkeit annehmen, dass es eine Stunde Null gäbe, von der an eine andere Geschichte beginnen würde, die jene hinter sich lässt, die die Menschen bis zum heutigen Tag erlebt haben. Aber würde diese andere Geschichte nicht auch andere Menschen voraussetzen?

Wenn der Niedergang bis in die Gegenwart alle Völker und sogar alle Zivilisationen auf der Erde erfasst hat, ist es nicht ehrenrührig, danach zu fragen, ob nicht auch wir uns auf dem Weg des Niedergangs befinden. Warum würde Europa einer Entwicklung entkommen, die ein Phänomen der Menschheitsgeschichte darstellt? Die Frage scheint umso eindringlicher, als im Lichte der Zeitzeugen früherer Verfallserscheinungen oder der Niederschriften solcher Historiker, die versucht haben, diese zu erklären oder zu verstehen, man nicht umhin kann, diese historischen Entwicklungen mit unserer gegenwärtigen Situation annähernd zu vergleichen.

Es ist richtig, um die Terminologie von *Pierre Chaunu* zu benutzen, dass es wenige objektive Verfallserscheinungen oder radikale Niedergangsphänomene gegeben hat. Demgegenüber sind aber eine Reihe von partiellen Dekadenzen häufig aufgetreten und zwar so zahlreich, wie es Völker auf der Erde gibt. Spricht man nicht vom Niedergang der Pygmäen und der Hottentotten? Jede Zivilisation wird in dem Maße schwächer, wie sie ermüdet und zwar manchmal, indem sie sich zunehmend in eine andere Zivilisation verwandelt, normalerweise durch den Zugang fremdstämmiger Elemente. In diesem Sinne war die römische Zivilisation die Erbin der verfallenen griechischen Kultur. Denn die Römer haben zur Degeneration der griechischen Kultur beigetragen. Der erste Gesichtspunkt, den wir zu betrachten haben, ist also: Wenn wir uns auf die bekannten Symptome früherer Verfallserscheinungen beziehen, sind wir dann nicht auch von einem analogen Verfall bedroht?

Aber es gibt auch eine andere historisch-soziologische Betrachtung, die genauso bedeutend ist: Jeder Verfallsprozess betrifft einen Niedergang *sui generis*, weil sich dieser Verfallsprozess in einem singulären historischen Kontext abspielt. Wenn es richtig ist, dass sich die europäische Zivilisation im Begriff des Niedergangs befindet, kommt es darauf an, die Besonderheit der historischen Konstellation zu analysieren, in der sich dieser Prozess entwickeln konnte. Der gegenwärtige europäische Niedergang ist in der Tat nicht einfach die Wiederholung des einen oder anderen vorherigen Verfallsprozesses. In dieser Hinsicht muss man erneut auf das Konzept des Fortschritts abstellen, weil nur anhand dieses Konzeptes verstanden werden kann, was die Natur des Niedergangs ausmacht, der sich vor unseren Augen abspielt. Und vielleicht werden wir unter diesen Bedingungen einige plausible Prognosen anstellen können, ohne in geschwollene Prophezeiungen zu verfallen.

1. Kurze Bestandsaufnahme

In Anbetracht der bisherigen Analysen und in Übereinstimmung mit dem ersten Kapitel[2] verwenden wir den Begriff des Niedergangs in seinem eigentlichen Sinne, um drei Phänomene zu bezeichnen, die dieser historischen Erfahrung entsprechen und die aufgrund ihrer Entwicklungen mit diesem Namen bedacht werden können. Zunächst das totale Verschwinden – abgesehen von einigen wenigen Spuren, die von Archäologen und Ethnologen ausgegraben werden – einer Zivilisation oder eines Volkes, das einstmals bestand. Wir kennen in dieser Hinsicht die Zivilisationen, die den Inkas und Azteken oder den Hethitern vorausgegangen sind. Wir sprechen in diesem Fall von einem katastrophalen Niedergang. Im zweiten Fall handelt es sich um das Zusammenbrechen einer Zivilisation, die sich als Erbfolge anderer Zivilisationen aufgrund verschiedener politischer, ökonomischer oder technischer Strukturen vollzog. Die europäischen Länder sind in diesem Sinne die Nachfolger des Römischen Reiches und die Iraner die Nachfolger der ehemaligen Perser.

Es bleiben in diesem Fall viele Überlebensreste der verschwundenen Zivilisationen. Wir können in diesem Zusammenhang von einem partiellen Niedergang sprechen. Und schließlich geschieht es, dass in derselben Zivilisation einige ihrer Merkmale verlorengehen, ohne dass ihr allgemeiner Geist noch tiefer verändert wird. In diesem Fall handelt es sich um einen fragmentarischen Niedergang in dem Sinne, dass es eine Dekadenz im römischen Stil oder des monarchischen Regimes in Europa gegeben hat. In diesem Zusammenhang spricht *K. Polanyi* in einem Kapitel seiner Werke[3] von der Größe und dem Niedergang der Marktwirtschaft. Über diese Form von Wirtschaft ist die Sonnenfinsternis nicht

---

2 Damit ist das erste Kapitel des bereits zitierten Werkes „La Décadence“ gemeint.
3 Polanyi, La grande transformation, Paris, 1972.

hereingebrochen, sondern ihr Anwendungsparameter ist nur reduziert worden. Denn wir fahren bis in unsere Tage fort, uns von verschiedenen römischen Stilen inspirieren zu lassen, genauso wie es immer noch Monarchien gibt.

Wenn wir nun nicht mehr allein die konkreten historischen Phänomene des Verfalls betrachten, sondern jene philosophisch-soziologischen Theorien, die versuchen, den Verfall zu erklären, so haben wir es mit drei Typen von Theorien zu tun. Nach der ersten Theorie, der sogenannten „Kreislauftheorie«, vollzieht sich die Universalgeschichte in verschiedenen Phasen und Zeitaltern, deren Auf und Ab sich unentwegt ablösen. Ganz allgemein gehen diese Theorien davon aus, dass die Welt ewig währt, so wie es beispielsweise bereits die vorsokratischen Philosophen gelehrt haben. Aber diese Theorien können ebenfalls entsprechend dem Bild des Philosophen Vico die Abfolge der Zyklen zwischen der Weltschöpfung und einer Endzeit beschreiben. Die zweite Theorie von apokalyptischer Natur ist eher religiöser Orientierung. Die Welt wird wie ein Tränental für die Pilger auf dieser Erde beschrieben. Sie ist der totalen Vernichtung verfallen, die mit der Wiederkehr von *Jesus Christus* koinzidiert und auf eine Art ewiger Neubeginn der anfänglichen Unschuld durch die Schaffung eines neuen Paradieses setzt. Die dritte Theorie, die man heutzutage am häufigsten antrifft, nenne ich die undulatorische Theorie. Nach dieser Theorie gibt es bei allen Völkern und Zivilisationen unterschiedliche Perioden des Wachstums, des Höhepunkts und des Verfalls. Es handelt sich hierbei nicht mehr um kosmologische Theorien, die sich auf das Schicksal des gesamten Universums beziehen, sondern um Theorien mit historischem Bezug, deren Erklärungswert sich auf jene Gemeinschaften beschränkt, die in der Geschichte bestanden haben. Sie umfassen verschiedene Versionen, so z. B. die organische Version, die das Leben eines Volkes mit einem individuellen Leben gleichsetzt (Geburt, Kindheit, Jugend, Reife, Alter, Tod). Die oszillatorische Version macht aus dem Niedergang einer Zivilisation eine Bedingung für die Geburt einer anderen Zivilisation.

Es handelt sich dabei fast um eine rhythmische Version, die die Renaissance auf den Niedergang folgen lässt. Zusammengefasst, ist die Geschichte das Theater der Abfolge von Zivilisationen, die, nachdem sie geblüht haben, stets auch verfallen sind.

Ganz allgemein wird Niedergang als ein katastrophenartiges Ereignis aufgefasst, ein Unglück, weil es das Zeichen der inneren Zersetzung der Gesellschaft mit einem Gefolge von materieller Korruption, geistigem Chaos und willkürlicher Gewalt sei. Genauso sei Niedergang stets das Symptom einer Schwächung, die zum Verlust der Unabhängigkeit einer politischen Einheit führt. Es gibt auch andere Würdigungen, die im Niedergang einen positiven Wert sehen. Für die Christen sind der Niedergang und die Vernichtung der Welt die Verkündung der universellen Epiphanie, die es der gesamten Menschheit erlaubt, in das Königreich Gottes einzutreten. Sie geht einher mit der Befreiung von allen Zwängen und traurigen Befindlichkeiten des irdischen Daseins. In einem fast heidnischen Geist sind gewisse moderne Autoren der Meinung, dass der Niedergang eine Periode der Befreiung von allen Zwängen darstelle, von allen Regeln, eine Art Öffnung zur totalen Freiheit, welche uns von aller Ernsthaftigkeit, die unser gesellschaftliches Leben beschwert, befreit. Statt sich zu beschweren, solle man an diesen Momenten der hygienischen Entspannung Gefallen finden, ohne sich zu sehr um deren Konsequenzen zu kümmern. Handelt es sich hierbei um denselben Niedergang? *Maffesoli* ist beispielsweise ein Autor, der bestreitet, dass die Selbstbezichtigung als dekadent uns hilft, einen neuen Sinn und eine fröhlichere Sicht der Dinge zu finden. Er beschreibt in seinem Werk „Der Schatten des Dionysus“, dass die gegenwärtige Zerstörung der Gesellschaften durch gewalttätige Aktionen die Wirkung habe, der keimfreien Gestaltung des menschlichen Zusammenlebens auf der Basis der Zwänge von Arbeit, Reglementierung und Rationalisierung ein Ende zu setzen und uns dazu veranlasse, sozusagen das archaische Souterrain unserer Lebensgemeinschaften wiederzuentdecken, welches durch rigide Sitten eingezingelt war. Es geht also darum, die leidenschaftliche

Funktion, einschließlich ihrer orgiastischen Dimension, zu rehabilitieren. Was Niedergang genannt wird, ist in Wirklichkeit eine Enthüllung des im Dunkeln Liegenden, das bisher durch das tägliche Zivilisationsregime verborgen war: „Zivilisationen können sich ändern. Es gibt einige Konstanten, die unveränderlich sind. Und einige, die zurückgehalten wurden, tauchen genauso schneidig und unverändert auf wie zuvor. Was ich den populären Hedonismus genannt habe, ist sicherlich eine von ihnen"[4]. Im Grunde genommen gibt es für *Maffesoli* keinen Niedergang, denn er ist nur die intellektuelle Illusion derjenigen, die an veralteten Formen festhalten und Produktion, logische Vernunft und exemplarische Tugenden unter Missachtung der Rechte des Vergnügens bevorzugen.

Als Soziologe des zeitgenössischen Lebens beschreibt *Maffesoli* unbestreitbar die Theorie und Annahme einer mächtigen Disposition, die viele Köpfe unserer Zeit auszeichnet und die dazu neigt, sich immer weiter zu verbreiten. Als Beschreibung ist seine Haltung zweifellos relevant, aber indem er sich daran klammert, wird er gewissermaßen zu einem Gefangenen ihrerseits, weil er die vorhersehbaren Folgen dieses Geisteszustandes ausklammert. An sich ist dieser dionysische Zustand attraktiv, aber er hält nicht lange an. Außerdem ist er nicht neu, weil er von vielen Menschen in verschiedenen Perioden früheren Niedergangs geteilt wurde. Abgesehen davon, dass er heutzutage aus dem guten Grund ein kohärenteres Bewusstsein hervorruft, so dass wir versuchen, ihn zu rationalisieren. Tatsächlich vollbringt *Maffesoli* eine Rationalisierungsarbeit des orgiastischen Stils. Wenn der Niedergang immer als tödliches Ereignis angesehen wurde, dann nicht, weil er für libertäre Kühnheit eintritt, sondern wegen seiner unglücklichen und schrecklichen Folgen. Wir könnten schließlich mit diesem Zustand zufrieden sein, wenn er dauerhaft wäre. Aber, wie uns die Geschichte ständig lehrt, werden diejenigen, die ihn genießen,

---

[4] M. Maffesoli, L'ombre de Dionysos, Paris, Méridiens/Anthropos, 1982, S. 208.

auf kurze Sicht Opfer einer entgegengesetzten Reaktion, die sie umso härter unterjochen wird, je nachlässiger sie waren. Der Soziologe, der sich nicht darauf beschränkt, seine Zeit zu beschreiben, sondern versucht, seinen Analysen eine historische Dimension zu geben, kann nur erkennen, dass ein Niedergang nur eine mehr oder weniger kurze Episode ist, die eine plötzliche und schmerzhafte Umkehrung der Situation ankündigt. Die Folgen für die flüchtige Annehmlichkeit einer Situation sind daher nicht zu übersehen, da sie sie nicht nur schnell aufheben, sondern generell ein Regime etablieren werden, das sie ohne Nachsicht ablehnen wird. Niedergang und orgiastischer Charme entkommen nicht der harten Realität des Paradoxons der Folgen.

So betrachtet, kann *Maffesolis* Werk, aber auch das von *J. Baudrillard*, als Darstellung eines der Symptome der Dekadenz angesehen werden, die man in eine allgemeine Ätiologie integrieren könnte. Wir haben festgestellt, dass die Antwort auf die Frage: „Befinden wir uns im Niedergang?" sich als Methode anbietet, die gegenwärtige Situation mit den Berichten von Zeugen vergangener Niedergänge und solchen Historikern zu vergleichen, die versucht haben, sie zu erklären. Bevor wir uns in diese Richtung bewegen, ist es ratsam, einige Vorbemerkungen zu machen. Die Semiologie des Niedergangs verwendet gerne Metaphern, um einen Prozess zu identifizieren, der, weil er komplex und obskur ist, nur auf diese Weise einer bestimmten Genauigkeit zugänglich ist. Wie wir gesehen haben, gibt es viele Metaphern, die der Biologie entlehnt sind. Tatsächlich wird die gezielte Identifizierung von Symptomen durch die Verflechtung von Zusammenhängen behindert[5]. Darüber hinaus wäre es anmaßend zu glauben, dass ein vollständiges Bild der Ursachen erstellt werden könnte. Um die allzu starke Pedanterie durch Aufzählung von Details zu vermeiden, werden

---

[5] Erinnern wir uns an die Beobachtung von *La Bruyère (Les Caractères, I, 55)*: „Die Metapher oder der Vergleich entlehnt sich aus dem Fremden ein zweckmäßiges und natürliches Bild einer Wahrheit... Die Intellektuellen, die gerne präzise Bilder liefern, geben natürlich dem Vergleich und der Metapher nach..."

wir unter einigen Schlagwörtern jene Indizien zusammenfassen, die Historiker als die wichtigsten erachten. Folglich werden wir nicht auf die aus logischer Sicht interessante These eingehen, wonach der Niedergang einer Zivilisation in ihr ursprüngliches Prinzip eingeschrieben wurde, so dass er unausweichlich eintreten werde und hierüber allein die Zeit entscheide. Abschließend wissen wir, dass es auch trivialere (weil umstrittenere) Erklärungen gibt, zum Beispiel die Behauptung, dass das, was nicht unseren ideologischen oder politischen Überzeugungen entspricht oder was uns missfällt, normalerweise als dekadent bezeichnet wird. Unter diesen Vorbehalten lassen sich die Zeichen des Niedergangs in die Kategorien demographische, politisch-ökonomische, philosophisch-kulturelle und ethisch-religiöse Gründe einordnen.

Das Symptom wurde bereits von *Polybe* und später von anderen Autoren erwähnt. *P. Chaunu* hat es nun zum Mittelpunkt seiner Forschung und seines öffentlichen Wirkens gemacht. Es genügt, hier seine Analysen zu benennen, die vordergründig auf die Folgen eines Rückgangs der Geburtenrate eingegangen sind. Aber wir sollten uns auf zwei weitere Punkte konzentrieren. Der erste betrifft das, was ich anderswo als die neue Völkerwanderung bezeichnet habe. Verschiedene Autoren haben die Migration als eine der Ursachen für den Zusammenbruch des Römischen Reiches herausgestellt. Tatsächlich war Rom ab dem 2. Jahrhundert n. Chr. zu einem Konglomerat von Nationen geworden, so dass die einheimische Bevölkerung in die Minderheit geriet. Ein Teil dieser nicht-indigenen Bevölkerung war assimiliert worden. Aber ein anderer behielt seine ethnischen und religiösen Besonderheiten bei, und, nachdem er sich mit den römischen Techniken vertraut gemacht hatte, kehrte der letztgenannte Teil in seine Heimat zurück. Er erhob sich dann gegen die imperiale Macht und die römische Gesellschaft, die im inneren durch die Unterschiede der ausländischen Bevölkerung untergraben wurden. Heute erleben wir aber ein ähnliches Phänomen in Europa. Metropolen und europäische Großstädte sind die Heimat von Bürgern aller

Rassen und Nationen in unterschiedlicher Zahl, von denen einige sich assimilieren lassen, während andere in jener Abgrenzung verharren, die die angestammte Bevölkerung zersetzt. Gemäß dem Prinzip der Toleranz, das dem gegenwärtigen europäischen Geist innewohnt, sind die europäischen Länder weitgehend offen für die Bedürfnisse dieser Zuwanderer, zumal sie von ihren Arbeitskräften abhängig sind. Aber gleichzeitig laufen sie Gefahr, dass ihre eigene nationale und kulturelle Identität erodiert. Diese Migration betrifft sogar kleine Städte, wie die, in der ich lebe. Wenn man sich die Zusammensetzung der Bevölkerung ansieht, kann man sehen, dass die Hälfte der Geburten ausländischer Herkunft ist. Vorläufig gibt es keine plötzlichen Umbrüche, außer am Rande einiger Großstädte, aber es ist nicht auszuschließen, dass die Schwächung der angestammten Bevölkerung sie hervorrufen könnte. Es ist der Lebensstil, der zuerst durch die Festlegung von Sitten beeinflusst werden kann, die für diese verschiedenen Zivilisationen spezifisch sind. Von nun an kommt es jedoch zu einer Lockerung des traditionellen Sozialgefüges und damit zu einer langsamen Schwächung und zum Niedergang. Je nach den Umständen können sie die europäische Zivilisation schwer beeinträchtigen.

Der zweite Punkt betrifft den Status der Frauen in unseren Gesellschaften. Diesmal ist es kein externer Faktor, sondern die logische innere Entwicklung der europäischen Zivilisation, die Folge ihres emanzipatorischen und egalitären Selbstverständnisses. Es geht nicht darum, die feministischen Bewegungen und die sexistische Polemik zu beurteilen, sondern soziologisch zu erkennen, dass in jeder Zivilisation die Art von Familie und die Erziehung von Kindern vom Status der Frau abhängig sind. Tatsache ist, dass die europäischen Gesellschaften zu einer neuen Rollenverteilung tendieren, die im Gegensatz zur Vergangenheit steht. Eines scheint sicher: Verhütungsmethoden machen die Frau heute zur alleinigen Entscheidungsträgerin bei der Geburtenrate. Es gibt eine Schwelle, die, wenn sie überschritten bzw. unterschritten wird, eine

Destabilisierung der Familie und damit der Gesellschaft als Ganzes bewirkt, so dass wir von einer Zivilisation zur anderen übergehen. Dies bedeutet, dass die bisher bekannte Zivilisation dem Niedergang anheimfällt. All dies ist Teil der allgemeineren Forderungen einer neuen Gesellschaft, d. h. einer anderen Zivilisation. Alles scheint so zu sein, als ob die europäischen Gesellschaften müde von sich selbst sind und glauben, dass sie in der Fata Morgana einer anderen Gesellschaft Zuflucht finden und damit ihre Identität aufgeben. Es ist schon merkwürdig, dass die Initiatoren von Projekten aus einer anderen Gesellschaft so gierig nach einer Reflexion über den tiefen Sinn ihrer Vorschläge sind und somit sich der bisher für Europa spezifischen Zivilisation zu entledigen.

Diese Überlegungen führen uns zu den politischen und wirtschaftlichen Symptomen. Die extreme politische Form des Niedergangs ist die Invasion eines Volkes einer anderen Zivilisation, das durch Völkermord oder systematische Verwüstung die Besiegten ausbluten lässt. Eine solche Zerstörung durch eine Macht von außen setzte beispielsweise den präkolumbischen Zivilisationen ein Ende. Das Phänomen ist hinreichend bekannt, so dass wir auf eine Kommentierung verzichten können. Vor allem möchte ich hier die internen Aspekte berücksichtigen, die zum politischen und wirtschaftlichen Niedergang einer Zivilisation führen.

Das nach Ansicht verschiedener Autoren hierfür entscheidendste Symptom ist die flächendeckende Sozialfürsorge der Bürger. Sie zerreißt das Wirtschaftsgefüge. Tatsächlich räumt sie dem Bargeld Vorrang vor dem Ertrag, der wirtschaftlichen Abstraktion Vorrang vor dem Aufwand ein. Aber vor allem überfordert sie den dynamischen Teil der Bevölkerung, den sie der Trägheit der anderen unterwirft. Die allgemeine Sozialfürsorge führt zu den verheerendsten wirtschaftlichen Ungleichgewichten. Ich habe herausgearbeitet, dass *Demosthenes* die Athener kritisierte, weil sie in die Volksversammlung gekommen waren, nicht mehr, um eine gemeinsame Entscheidung zu treffen – gemäß der Berufung der Athener Verfassung –, sondern im Wesentlichen um Sitzungsgelder einzuziehen.

Wir haben über ein ähnliches Verhalten am Ende des Römischen Reiches berichtet. Das Phänomen der Sozialhilfe hat sich im heutigen Europa unter dem Deckmantel des Wohlfahrtsstaates, der eine invasive Bürokratie erzeugt, weit verbreitet. Möge man mich richtig verstehen! Es geht keineswegs darum, die Idee des Staates als unverzichtbares politisches Organ für den Schutz der Bürger in Frage zu stellen, noch die Verwaltung, als notwendiges Hilfsmittel bei der Vollstreckung von Entscheidungen und Gesetzen, noch die Organisation der Unterstützung derjenigen, die unter Schicksalsschlägen leiden. Unsere Beobachtung betrifft die Verwandlung der Bürger in ewige Bettler und Kläger, die von der kollektiven Großzügigkeit alles erwarten, zum Nachteil ihrer Eigeninitiative und ihrer wohlüberlegten Individualvorsorge. Die Gefahr der Verallgemeinerung eines solchen Verhaltens besteht darin, Individuen unter dem Vorwand zu versklaven, sie zu befreien, edle Vorstellungen durch ihre Absicht, wie Solidarität, Gegenseitigkeit oder Großzügigkeit, in Praktiken umzuleiten, die Verantwortung und Freiheit zerstören. Sobald eine Idee, selbst die schönste, zu ihrer extremen Logik ausgenutzt wird, wird sie zu einem Missbrauch verzerrt, der mit demjenigen vergleichbar ist, der aus ihrem Mangel geboren wurde.

Es ist bezeichnend, dass fast die Gesamtheit der Autoren, die sich mit diesen Aspekten der Ätiologie des Niedergangs beschäftigt haben, den Begriff des Egalitarismus negativ bewerten. Sie verurteilen mitnichten das Gleichheitsprinzip, weil sie erkennen, dass es eine der Komponenten der sozialen Beziehungen ist. Aber sie verurteilen den Egalitarismus als System, das versucht, alle sozialen Beziehungen auf den gleichen gemeinsamen Nenner der Gleichheit zu reduzieren. In diesem Sinne prognostizierte *Tocqueville*, dass die Gleichheit, die auf die extreme Logik der egalitären Einheitlichkeit gebracht wird, den Niedergang der Demokratien einläuten wird[6]. Egalitäre Beziehungen sind in jeder Gesellschaft unerlässlich. Aber

6 Das Thema wurde schlagwortartig entwickelt von J. Cau, *Discours de la décadence*, Paris, Edition Lopernic, 1978.

genauso sind es hierarchische Beziehungen. Die Stabilität der Gesellschaftsordnung basiert auf der sinnvollsten Verteilung der beiden Arten von Beziehungen. Egalitarismus ist nicht nur der stärkste Feind der Freiheit, sondern er bringt den Geist in Verwirrung, indem er alle Orientierungspunkte beseitigt. Der Egalitarismus wird zwangsläufig durch die Not geboren, das heißt, aufgrund seiner intrinsischen Logik, nicht nur, um eine Gleichwertigkeit zwischen Eltern und Kindern oder zwischen Lehrern und Schülern herzustellen, wie *Platon* bereits angedeutet hat, sondern auch zwischen Straftätern oder Kriminellen und ihren Opfern, zwischen Chefs und Arbeitern, zwischen gesunden und verrückten Menschen oder zwischen Künstlern und Stümpern. Jede Aktivität hat aufgrund der Besonderheit ihres Zwecks ihre eigene Hierarchie. Diese kann daher nicht ausgehöhlt werden, ohne die betreffende Tätigkeit zu verschlechtern. Diese Verschlechterung tritt vermehrt ein, wenn eine Aktivität mit anderen Aktivitäten in Einklang gebracht wird, die einem anderen Zweck und einer anderen Hierarchie folgen.

Diese weitverbreitete Verwirrung zerlegt letztlich die Wirtschaft, zerschlägt die Universität, verhindert Gerechtigkeit[7]. Um die Bedeutung des politischen Faktors für den Niedergangsprozess des Westens zu verstehen, denke ich, dass es sich lohnt, *J.F. Revels* Buch *Comment les démocraties finissent* zu lesen. Ich möchte die Aufmerksamkeit auf zwei Punkte lenken. Auf der einen Seite hebt die Aufklärung die Gefahr des utopischen Perfektionismus hervor, da er das lähmende Schuldgefühl weckt: „Demokratien schreiben sich heute nicht nur selbst Fehler zu, die sie nicht begangen haben, sondern sie haben sich auch daran gewöhnt, sich an einem Ideal zu messen, das so unerreichbar ist, dass das Urteil der Schuld von vornherein Teil davon ist. Daraus folgt,

---

7 Trotz einiger kontroverser Passagen zeigt das Buch von J. C. Soyer, *Justice en perdition*, Paris, Plon, 1982, anhand des Justizsystems, wie eine bestimmte Tätigkeit im Namen einer perfektionistischen Bulimie in Dekadenz versinkt.

dass eine Zivilisation, die sich in allem, was sie ist, was sie tut, was sie denkt, schuldig fühlt, wenig Energie und Überzeugung in sich selbst findet, um sich zu verteidigen, wenn ihre Existenz bedroht ist. Eine Zivilisation jeden Tag zu lehren, dass sie nur dann verteidigungswürdig sein wird, wenn sie die Verkörperung vollkommener Gerechtigkeit sein kann, bedeutet: sie sterben lassen oder sich versklaven "[8]. Andererseits betont er ein Thema, das ich immer als entscheidend erachtet habe, nämlich die Rolle des Feindes. Der politische Niedergang wird angesichts der Angst vor dem Feind erkennbar. Wir werden später auf diese Frage im Zusammenhang mit dem Pazifismus zurückkommen.

Die philosophisch-kulturellen Gründe sind umso unerbittlicher, als eine Zivilisation im Niedergang das Prestige von Ideen vortäuscht. Sie ersetzt den direkten Kontakt mit den Dingen durch einen intellektuellen Ansatz: den kreativen und originellen Akt, und wird beispielsweise zugunsten einer eitlen Kreativität abgeschafft, die den sterilen Geschmack für das Schockhafte mit der Kühnheit des Originals vermischt. Auf jeden Fall hört eine Kultur, die sich bürokratisch leiten lässt, auf zu leben. Es ist nicht notwendig, das zu wiederholen, was ich über die moderne Intellektualisierung gesagt habe[9]. Stattdessen möchte ich zwei weitere Aspekte hervorheben.

Zunächst einmal trennt sich eine dekadente Zivilisation von ihren Wurzeln, von den Traditionen, die sie ausmachen: Sie verachtet ihre Vergangenheit. Es geht hier nicht darum, den Traditionalismus als Treue zu so genannten unveränderlichen Traditionen zu feiern, denn soweit sie lebendig bleiben, werden Traditionen erneuert, aber mit Respekt vor dem ursprünglichen Geist. Was verloren geht, ist der Sinn für Tradition. Der Niedergang neigt dazu, die Zivilisation in ihrer Gegenwart zu verschließen, als ob sie aus dem Nichts erschaffen worden wäre. Eine Kultur ohne Tradition mündet schnell in ihr Gegenteil: eine intellektualisierte Barbarei.

---

8 J.F. Revel, *Comment les démocraties finissent*, Paris, Grasset, 1983, S. 16–17.
9 *La fin de la Renaissance*, Kap. 7.

G. Apollinaire warnte uns vor der Gefahr, als er in seinem Gedicht *La jolie Rousse* sagte:

> *Je juge cette longue querelle de la tradition et de l'invention*
> *de l'ordre de l'Aventure*[10]

um zu dem Schluss zu kommen, dass diese beiden nicht entgegengesetzt sind. Zum Beispiel ist es derzeit Usus, über die französische Poesie zu urteilen, sie mit *Baudelaire* beginnen zu lassen, als wären Dichter aus früheren Jahrhunderten nur „Narren". Diese vergebliche Selbstherrlichkeit gibt sich die Illusion, ohne Fundament bauen zu können. Im Allgemeinen kennt der Niedergang nur mittelmäßige Schriftsteller, und wenn es Talente gibt, dann deshalb, weil sie in der Lage waren, die Tradition zu erneuern.

Des Weiteren ist es in einer Zeit des Niedergangs notwendig, die Werteverwirrung zu beseitigen, die nichts anderes als die Wiederbelebung der philosophischen Ordnung egalitärer Ideologie ist. Diese Verwirrung verstärkt sich noch, indem sie sich die edlere Bezeichnung des Pluralismus der Werte aneignet. Eine Kultur zeichnet sich nicht nur durch ihre künstlerischen Werke aus, sondern auch durch ihre Techniken, Bräuche und soziale Organisation. Die Fresken der Urmenschen in der Höhle von Lascaux sind ebenso bewundernswert wie die monumentale Hindu-Statue und die gotischen Kathedralen. Auf dem Feld der Kunst wohnt die Überlegenheit einiger Werke gegenüber anderen jeder Zivilisation inne. Aber sie gilt nicht im Zusammenhang mit einem externen Vergleich zwischen Werken verschiedener Zivilisationen. Diese Besonderheit liegt in der Essenz der Kunst. Aus dieser Äquivalenz der Zivilisationen im künstlerischen Bereich können wir jedoch nicht schließen, dass die gleiche Äquivalenz auch in den anderen Kulturbereichen erreicht werden kann. Die europäische Zivilisation zeichnet sich durch ihren innovativen wissenschaftlichen, technologischen und wirtschaftlichen Impuls aus, der in keiner

---

10 Übersetzt „Ich rechne diesen langen Streit der Überlieferung und der Erfindung der Ordnung des Abenteuers zu."

anderen Zivilisation zu finden ist. In diesen Bereichen war sie zweifellos allen anderen überlegen. Wenn Kulturen nicht gleich sind, sind auch die Werte, die sie repräsentieren, nicht gleich. Der verbissene Umweltschützer mag das Leben der Hottentotten bevorzugen. Aber die meisten außereuropäischen Völker haben viele Merkmale der europäischen Zivilisation mehr oder weniger effektiv übernommen, weil sie ihnen Güter bringen, die sie nicht haben. Hier geht es nicht darum, ob diese Gaben für sie von Vorteil sind oder nicht, sondern um die unbestreitbare Tatsache, dass fast alle Völker der Erde weitgehend in europäischen Zeiten leben. Sie haben ihr Luftfahrtunternehmen gegründet, weil auch sie überzeugt sind, dass dieses Verkehrsmittel aus verschiedenen Gründen anderen Verkehrsmitteln überlegen ist.

Wenn Zivilisationen nicht gleichwertig sind, liegt das daran, dass jede auf einer für sie spezifischen Wertehierarchie basiert, die das Ergebnis von mehr oder weniger bewussten Optionen für Investitionen ist, die ihre Energie stimulieren können. Diese Hierarchie bestimmt daher die Originalität jeder Zivilisation. Ihre Vergangenheit verleugnend, ließen die Europäer sich von ihren Intellektuellen die Idee aufzwingen, dass ihre Zivilisation anderen in keiner Weise überlegen sei und dass sie sich ihrer selbst schämen sollten, weil sie den Kapitalismus, den Imperialismus, die Thermonuklearbombe usw. erfunden hatten. Eine Fehlinterpretation des Begriffs Toleranz hat wesentlich zu diesem Schuldbewusstsein beigetragen. Ideen und Werte sind nicht tolerant. Die Europäer, die sich weigern, ihre Originalität anzuerkennen, halten sich nicht mehr an die Werte, deren Träger sie sind, so dass sie den Geist ihrer Kultur und die daraus resultierende Dynamik verlieren. Wenn sie lediglich ihre Philosophien der Vergangenheit in Frage stellen. Aber damit nicht genug: sie unterdrücken sogar den Sinn für Philosophie, den sie im Laufe der Jahrhunderte entwickelt haben. Die Werteverwirrung und die daraus resultierende spirituelle Krise sind hierfür das erbärmliche Zeugnis. Der vorherrschende Egalitarismus

lässt sie vergessen, dass die Rangordnung der Werte wesensmässig mit dem Konzept des Wertbegriffs verbunden ist.

Es lohnt sich, an diesem Punkt kurz zu verharren. Eine Sache ist notwendigerweise mehr oder weniger wert als eine andere. Grundlage des Bewertungsgesetzes ist daher ein vergleichendes Urteil, das die Dinge nach einer Norm in höhere, niedrigere oder gleichwertige Werte unterteilt. Die Beziehung zwischen Vorgesetztem und Untergebenem wird als Hierarchie bezeichnet. Wenn alle Werte gleich sind, ist keiner mehr etwas wert. Daher impliziert der Begriff Wert durch sein Konzept bereits eine Vielzahl von Werten und eine Hierarchie oder Abstufung von Werten. Da jede Bewertung eine Vielzahl von Werten beinhaltet, gibt es keinen Einheitswert oder Wert an sich. Diese Wertevielfalt hat jedoch nichts mit dem verwirrenden Wertepluralismus zu tun. Da Evaluierung eine Hierarchie impliziert, ist Egalitarismus zum Beispiel, insofern als er Gleichheit zum obersten oder Referenzwert macht, nur durch seine implizite Hierarchie sinnvoll, die andere Werte als minderwertig diskreditiert. Philosophische, politische, wirtschaftliche, ästhetische und andere Lehren unterscheiden sich voneinander durch unterschiedliche Hierarchien, die auf der Wahl des Wertesystems basieren. In diesem Sinne ist der Sozialismus – genauso wie der Liberalismus – ein Wertesystem mit einer eigenen internen Hierarchie. Das Gleiche gilt für andere Systeme, ob konservativ, diktatorisch, demokratisch oder die Lehre von der Kunst um der Kunst willen. Der Wertepluralismus, der das sowjetische System auch in den Nachteilen als dem amerikanischen System gleichwertig oder die Regime lateinamerikanischer Länder als analog zu den Regimen Osteuropas betrachtet, stellt philosophisch, aber auch logisch einen Fehler, wenn nicht gar eine Täuschung dar. Die Antagonismen, die die Welt erschüttern, stehen nicht im Gegensatz zu Werten, sondern zu einer Vielzahl von Wertesystemen mit unterschiedlichen Hierarchien.

Die europäische Zivilisation hat auch eine eigene Wertehierarchie. Im Namen des wirren Wertepluralismus zu behaupten, dass

sie das Äquivalent anderer Zivilisationen sei, bedeutet, sie in die Krise zu stürzen, klare geistige Kategorien durch Gleichgültigkeit zu verwischen und die Geisteskraft zu schwächen, insbesondere wenn andere Zivilisationen oder Systeme wie der Kommunismus diesen Pluralismus ablehnen und ihre Überlegenheit zeigen. Eine Zivilisation, die so ihre Originalität und Eigenheiten leugnet, ist dem Niedergang geweiht und wird sich langfristig aufgeben. Warum also die Hierarchie der europäischen Zivilisation schützen, wenn sie den anderen so ähnlich ist? Warum nicht die anderen Systeme annehmen, da sie ohnehin alle gleich sind? Sobald man sich auf das Spiel der Plattitüde von Verwirrung und Pluralismus einlässt, das die Werte uniformiert, verliert man unaufhaltsam den Sinn für die eigene Identität und ganz allgemein für die Wahrheit. In der Tat ist mit dem Konzept der Wahrheit die Verwirrung über die Gleichwertigkeit aller Dinge unvereinbarer.

Ethisch-religiöse Symptome sind vielleicht die wichtigsten, weil sie den Geist einer Gesellschaft oder Zivilisation stören, d. h. ihre empfindlichste Struktur. Die meisten Historiker und Theoretiker, die sich mit dem Niedergang beschäftigen, betonen die Korruption der Moral in ihren verschiedenen Ausprägungen von Hingabe an die Glückseligkeit, Lust und Perversität, Verweichlichung und Feigheit und ganz allgemein von Maßlosigkeit, die jede Regel und jede Grenze ablehnt. Tatsächlich ist selbst eine aufstrebende Zivilisation nicht frei von Korruption, die, wie Gewalt, Teil jeder Gesellschaft ist, weil sie nicht nur auf Ideen, sondern auch auf Interessen basiert. Der Niedergang ist gekennzeichnet durch die Art der Korruption, die sich dort manifestiert. Das ist das richtige Wort. Denn dort entwickelt sich die Korruption fast ungestraft durch allgemeine Zustimmung. Egal, was die Zukunft bringt, egal wie dekadent sie sein mag: Wir gefallen und darin. Sobald eine Zivilisation oder Gesellschaft im Verfall begriffen ist, hört sie nicht mehr auf Warnungen, weil sie nicht einmal mehr versucht, aus dem Niedergang herauszukommen oder ihn zu überwinden. Diejenigen die versuchen, den Prozess aufzuhalten, werden

diskreditiert und verspottet. Das Ende ist dann nah also. Korruption ist der Vorläufer dieses Epilogs. Denn sie führt die Gesellschaft dazu, einen Teil mit ihrem eigenen Zerfall zu verbinden, da sich der allgemeine Verfall in allen Sektoren in Form kleiner Niedergangsprozesse ausbreitet.

Im Gegensatz zu dem, was in einer expandierenden Zivilisation geschieht, versucht die Korruption in einer schrumpfenden Zivilisation nicht mehr, sich zu verstecken: sie entfaltet sich, manchmal mit der Komplizenschaft des *Establishments*. Es geht nicht mehr nur darum, Privilegien für die eine oder andere Gesellschaftsschicht zu erlangen, sondern um Missbräuche, Freibriefe, Ungerechtigkeiten, die heute als Kompensation bezeichnet werden. Denn diese Korruption versucht, sich offen zu rechtfertigen, mit Argumenten, die sicherlich fadenscheinig sind, die aber Widerhall finden, weil ein großer Teil der Bevölkerung von diesem angeblichen Wohlwollen profitiert. Zu diesem Zweck berufen wir uns auf eine im Prinzip verzerrte soziale Gerechtigkeit, auf eine Liberalität, die nichts als Verschwendung, auf eine Großzügigkeit, die nichts als Nachlässigkeit, auf eine Freiheit, die nichts anderes ist als das Recht auf Betrug und Straffreiheit. Heuchelei gilt als edel, Gesetzesverstöße werden legalisiert. Es gibt eine Verkettung, die von der Verwirrung der Werte über die Verwirrung von Ideen und Sprache bis hin zur Verwirrung und Inkohärenz im Handeln führt. Institutionen, die stören, werden angeklagt: Gerichtsurteile, polizeiliche Maßnahmen, die Kompetenz der Lehrer, die Ehrlichkeit der Wirtschaftsführer, die Autorität der Eltern.

Beginnen wir mit *A. Caraco*: „Eine Zusammenfassung über die Kunst des Lügens, die die wichtigste Kunst eines dekadenten Volkes ist. Dann wird unterlassene Vorsorge zur Großzügigkeit, Feigheit zum Kalkül, Geiz zum Fleiß, Betrug zur Raffiniertheit, Verrat zum Grundprinzip des Staats“[11]. *Procope* hatte bereits darauf

---

11 A. Caraco, *Essai sur les limites de l'esprit humain, Lausanne, Edition L'Age d'homme,*

hingewiesen: In einer dekadenten Gesellschaft wird die Lüge dauerhaft und wächst durch Proteste zugunsten von Rechtschaffenheit und Offenheit im Übermaß. Wenn die Kommunistische Partei Vorwürfe des Wahlbetrugs kategorisch von sich weist, bleibt sie im Einklang mit Lenins Geboten, die alle Ausflüchte gutheißen, solange sie mit einem guten revolutionären Gewissen durchgeführt wurden. Aber gleichzeitig beginnen wir, über die Reaktion nachzudenken, die die der Sozialisten gewesen wäre, die ich in meiner Kindheit gut kannte, wenn wir sie eingeladen hätten, über solche Missetaten Stillschweigen zu bewahren. Natürlich gab es auch in der Zeit unserer Väter Missbräuche. Aber sie hatten auch einen Sinn für Rechtschaffenheit, der denen, die an korrupten Handlungen beteiligt waren, nicht verzieh. *J. Grévy* trat als Präsident der Republik zurück, weil sein Schwiegersohn in ein fragwürdiges Geschäft mit der Ehrenlegion verwickelt war. Es ist nicht die Moral, die sich geändert hat, und ich werde mich nicht auf *O tempora! O mores* berufen. Heute wird das Prinzip der Moral als solches mit der Behauptung über Bord geworfen, dass ein solches Verhalten in Zeiten von Werteverlust und Obskurantismus angemessen sei. Selbst die Soziologen versuchen noch, uns davon zu überzeugen, dass es keine Zunahme der Gewalt gibt! Im Tal der achtzehn Dörfer, in dem ich lebe, haben alle seit jeher jedes Jahr ein Gemeinschaftsfest namens *Kilbe* gefeiert, das an verschiedenen Tagen im Sommer stattfindet. Es kam hin und wieder vor, dass diese Veranstaltungen durch eine Schlägerei gestört wurden, an die sich jeder erinnerte, weil sie ganz außergewöhnlich war. In den letzten zehn Jahren wurden die Feste alle ausnahmslos ausgesetzt, weil sie unweigerlich zu gewalttätigen Auseinandersetzungen verkommen sind, die in einigen benachbarten Dörfern zu Verletzungen und sogar zum Tod geführt haben. Als Soziologe, der ich bin, würde ich meine Berufung verfehlen, wenn ich mich weigern würde, über diese neuen Situationen nachzudenken, oder wenn ich sie gar mit

---

1982, S. 174.

abstrakten Überlegungen zur Seite schieben würde, wie der Aussage, dass unsere Zeit den Sinn des Feierns wiedererlangt hätte. Auf jeden Fall sind dies beobachtbare und identifizierbare Realitäten und keine Verallgemeinerungen ohne nachprüfbare Fakten. In diesem Fall handelt es sich um einen dieser kleinen sektoralen Niedergänge nach einem Ausbruch von Gewalt, den man auf einer allgemeineren und abstrakteren Ebene bestreitet.

Kein menschliches Zusammenleben ist ohne Konventionen und Regeln möglich, sonst löst es sich in der von *Hobbes* beschriebenen Gewalt des Naturzustandes auf. Diese Regeln bestehen nicht nur aus den allgemeinen Gesetzen des Staates, sondern auch aus den Bräuchen und Praktiken der regionalen und lokalen Gemeinschaften. Es gibt jedoch eine ziemlich starke Strömung im Bereich der europäischen Zivilisation, die sich gegen Regeln und Verbote unter dem Vorwand wendet, dass sie eine unnötige Einschränkung, einen unterjochenden Formalismus oder gar eine illegitime Gewalt darstellen. Infolgedessen wird versucht, die sozialen Regeln, die dazu dienen, Gewalt zu verhindern, als Manifestation von Gewalt darzustellen. Wenn alles erlaubt ist, versteht es sich von selbst, dass jeder, wenn er über die Mittel verfügt, seine Stimmungen, Kräfte und Fantasien anderen willkürlich aufzwingen kann. So enden wir in der Herrschaft beliebiger Gewalt. Diese gedankenlose Ablehnung aller Regeln und damit jeder Autorität unter dem Deckmantel der Befreiung des Einzelnen vom Formalismus ist ein Ferment der Auflösung, das jeden Niedergang charakterisiert. Diese Beobachtung ist zweifellos banal, aber es ist auch notwendig, Platz für Banalität im gesellschaftlichen Leben zu schaffen. Sie ist Bestandteil des *teint* einer Gesellschaft.

Was ist der Geist einer Gesellschaft oder Zivilisation? Sie besteht aus einem gemeinsamen Verständnis von Dingen, einem Lebensstil und einer Verbundenheit, einschließlich gemeinsamer Klichés, die es den Mitgliedern ermöglichen, sich durch Andeutungen zu verständigen, aber auch aus einem Gefühl der Verpflichtung und des Dienstes im Interesse des kollektiven Schicksals, das über

den Einzelnen hinausgeht. *Durkheim* hat zu Recht darauf hingewiesen, dass die implizite Vereinbarung, die die Mitglieder einer Gesellschaft bindet, sich nicht im individuellen Bewusstsein auflöst, sondern es übersteigt. Mit anderen Worten, eine Zivilisation lebt nur durch den Glauben fort, den sie an sich selbst hat. Es ist daher nicht ohne Grund, dass die Religion, unabhängig von der jeweiligen Konfession, der Zement der Gesellschaften gewesen ist, denn sie ist par excellence der Verwahrer des Transzendenten. Denken wir nur an die lateinischen Autoren, die die Degeneration des Heidentums und des Polytheismus beklagten. Die Konvergenz bei der Anerkennung des Transzendenten ist entscheidend. Die Entwicklung der Kunst zeugt davon. Die Formel der Kunst um der Kunst willen, d. h. der auf ihre Immanenz beschränkten Schöpfung, wurde auch von ihren Anhängern als Zeichen des Niedergangs anerkannt. Denn, wie *Hegel* schon in einem etwas anderen Kontext anmerkte, wertet die moderne Kunst das Künstlerische zugunsten der Ästhetik ab: Worte und Erklärungen ersetzen den Akt der Schöpfung. Zu dieser Zeit wurde auch die Kunst zur Ware erhoben, was zum Handel damit führte. Der Käufer kauft nicht mehr ein Bild, sondern eine Unterschrift. In *Die Metamorphose der Götter* macht *A. Malraux* eine ähnliche Beobachtung, wenn er feststellt, dass die moderne Kunst die Schönheit ignoriert, um sich darauf zu beschränken, nur Kunst in den unterschiedlichsten Formen zu gestalten, ohne eine Transzendenz zu finden, die im Allgemeinen religiöser Natur gewesen war. Gott war das Paradigma der Schönheit.

Es ist offenkundig, dass diese Aufzählung der verschiedenen Symptome nur einen methodologischen Wert hat. Denn in Wirklichkeit gibt es ständige Interferenzen zwischen ihnen, mit allen Arten von Übergängen. Aber es gibt noch eine andere Frage: Auf welche der oben beschriebenen typischen Phänomene reagiert der gegenwärtige Niedergang? Ohne momentan ins Detail zu gehen, scheint er am besten den Normen der Wellentheorie

zu entsprechen, die zyklische und apokalyptische Theorien ausschließt. Wenn wir uns auf unsere zweite Klassifizierung beziehen, erscheint es mir nicht möglich, eine formale Entscheidung zu treffen, da die drei Arten in diesem Fall angemessen sein können. Auf der einen Seite vermischt sich der derzeitige Niedergang mit einem fragmentarischen Niedergang, z. B. dem Niedergang der ländlichen Welt, die ihre weltliche Vorherrschaft verloren hat. Aber auch der sekundäre Sektor verliert angesichts der Zunahme des tertiären Sektors an Boden. Es ist notwendig, diesen Aspekt in unsere Problematik aufzunehmen. Andererseits ist der Niedergang insofern partiell, als die europäische Zivilisation durch einige ihrer Merkmale ausdrücklich wiederauflebt, und zwar außerhalb von Europa: in Amerika, Russland und in den verschiedenen Zivilisationen der Dritten Welt. Dabei muss man sich bewusst sein, dass es unangemessen wäre, von einer einzelnen relativ homogenen Zivilisation der Dritten Welt zu sprechen. Letzten Endes bildet diese aber keine Einheit. Denn die Tatsache selbst, dass die europäische Zivilisation auf allen Kontinenten übernommen wurde, verhindert, dass sie allumfassend ist. Aber es gibt noch ein anderes Element, das die größte Bedrohung für die Zivilisation darstellt, obwohl es nicht nur die europäische Zivilisation betrifft, und das die Gefahr birgt, den gegenwärtigen Niedergang katastrophal werden zu lassen. Es ist der nukleare Schrecken, der über unseren Köpfen schwebt. Was können wir über eine solche tödliche Verwüstung sagen, außer hoffen zu müssen, dass uns die politische Weisheit die Mittel an die Hand gibt, diese Gefahr abzuwenden. In der Realität wird dieser Schrecken nicht allein durch Reden und Demonstrationen gebannt werden.

Tatsächlich sind der Verweis auf die verschiedenen Arten der historischen Niedergänge, die wir kennen, und der von Historikern und Theoretikern erstellte Katalog der Anzeichen des Niedergangs dazu angetan, die historische Einzigartigkeit des Niedergangs, den wir erleben, zu reflektieren. Zugegebenermaßen sind die Beobachtungen und Überlegungen, die wir gerade zur Ätiologie

der Phänomene des Niedergangs angestellt haben, suggestiv und beunruhigend. Aber sie sind nur relativ kongruent, da der derzeitige Niedergang beispiellos, neuartig und sogar einzigartig in der Geschichte ist. Er ist einfach nicht mit den uns bekannten Erscheinungsformen zu vergleichen, weil er in einem ganz neuen Kontext im Lichte der gesamten Vorgeschichte stattfindet. Es ist daher wichtig, ihn in seiner unvergleichlichen Besonderheit zu verstehen. Zunächst einmal geschieht dies in einer Welt, die von jener Idee des Fortschritts beherrscht wird, die zu Recht oder zu Unrecht die Mentalitäten unserer Zeit verführt.

2. Fortschritt und Niedergang

Die Ideologie des Fortschritts wurde von den aufklärerischen Schriftstellern erweitert, die sie aus dem Streit von Alten und Neuern übernommen hatten. Diese hatte ihrerseits eine von Bacon und Descartes initiierte Debatte auf die Tagesordnung gesetzt. Verschiedene zeitgenössische Theoretiker haben Fortschritt und Niedergang miteinander verknüpft und festgestellt, dass die Entstehung des einen Begriffs mit der des anderen übereinstimmt. So ist *P. Chaunu* der Ansicht, „damit es Raum für Niedergang gäbe, müsse es Fortschritt geben“[12]. Es ist wahr, dass die beiden Begriffe etwa zur gleichen Zeit erschienen sind und dass ihre Verbreitung durch Wörterbücher zeitlich korrelierte. Andererseits ist die Idee des Niedergangs, wie wir gezeigt haben, so alt wie die Philosophie, obwohl andere Begriffe zur Beschreibung des Phänomens verwendet wurden. Das Gleiche gilt nicht für die Idee des Fortschritts, die in der jüngsten Vergangenheit entstanden ist. *Chaunu* hat Recht, wenn er sagt, dass sowohl Niedergang als auch Fortschritt einem

---

12 P. Chaunu, *Histoire et décadence*, S. 69.

Zustand der Menschheit entgegenstehen, der unverändert bleiben würde. Aber sie können nicht in dem Sinne korrelieren, dass das eine die Kompensation des anderen wäre. Aus einer bestimmten Sicht sind „Wachstum und Rückgang untrennbar mit dem Punkt verbunden, dass Niedergang eine Notwendigkeit für Wachstum ist“[13]. So geht beispielsweise die Entwicklung des Einflusses der aufstrebenden Bourgeoisie aus dem 17. Jahrhundert auf Kosten des niedergehenden Adels. Man könne jedoch nicht behaupten, dass der Fortschritt das Gegenstück zum Niedergang wäre, und zwar aus dem einfachen Grund, dass der Niedergang einer Gesellschaft eintreten kann, während sie sich in einem Prozess des Fortschritts befindet. Mit anderen Worten: eine vom Fortschritt dominierte Gesellschaft kann nichtsdestoweniger dem Niedergang anheimfallen.

Um die Frage nach dem Verhältnis von Niedergang und Fortschritt relativ zutreffend aufzuschlüsseln, gebührt es sich, eine kurze Geschichte des Begriffs Fortschritt zu zeichnen. Ich werde mich zu diesem Zweck auf die prägnante Studie von *R. Koselleck*[14] stützen. In der Antike war die Idee des Fortschritts im modernen Sinne nicht bekannt. Aber es gab Vorstellungen von Fortschritt oder Verbesserung in einem bestimmten Sektor. Dabei handelte es sich um Fortschritte (im Plural), d. h. Veränderungen zum Besseren, zum Beispiel durch institutionelle Reformen oder wirtschaftliche Entwicklung. Während die Schriftsteller des 4. und 3. Jahrhunderts v. Chr., wie *Aristophanes*, *Isokrates* oder *Demosthenes* das Alte als Vorbild betrachteten, lobten die Sophisten dagegen die Überlegenheit des Neuen, ohne ihm einen historischen Zweck zu geben. Jedenfalls dachte niemand an eine neue Menschheit, im Sinne von Fortschritten auf dem Weg zu einer besseren Zukunft, sondern nur an geringfügige Änderungen in einer Welt, die als nachhaltig und solide erachtet wurde. Nur bei *Seneca* und *Plinius dem*

---

13 Ibid., S. 143.

14 Siehe hierzu sein Artikel *Fortschritt* in *Geschichtliche Grundbegriffe*, Herausgegeben von O. Brunner, W. Conze und R. Koselleck, Stuttgart, E.Klett, 1975, Bd. II, S. 351–423.

Älteren erscheint die Vorstellung, dass zukünftige Generationen die Chance haben werden, mehr zu wissen als die gegenwärtigen Generationen, und das auch eher zaghaft, so dass sie von der Unwissenheit ihrer Vorgänger überrascht werden können[15]. Die Christen blieben dieser Weltsicht treu, aber mit dem Zusatz der Idee der Vollkommenheit: „Nullus pudor est ad meliora transire", schrieb zum Beispiel *Ambrosius von Mailand*[16]. Es gibt zwar einen Begriff der Vollkommenheit, aber diese ist überirdisch, auf die sich die Menschen hier unten durch Prüfungen zubewegen. Geschichte ist die Zeit, die uns dem Glorreichen näherbringt, in dem Sinne, wie *Thomas von Aquin* schreibt: „Perfectio vera gloriae erit in fine saeculorum"[17]. Wenn es Fortschritt gibt, ist er nicht intrinsisch für den Fortschritt der Menschheit, sondern steckt in der individuellen Seele, die durch Gnade Hilfe erfährt. „Perfectio non in annis, sed in animis", erklärte *Paulinus II. von Aquileia*[18].

Zu Beginn des 17. Jahrhunderts entstand die antizipatorische Idee des Fortschritts im modernen Sinne. Aber sie war mit der Idee des hohen Alters der Welt verbunden. Indem die Menschheit – älteren Menschen gleich – auf ihren Niedergang zusteuert, schreitet sie voran. Nach *F. Bacon* sollen wir als die Älteren jene ehren, die noch leben, nicht diejenigen, die zu einer anderen Zeit, als die Welt in ihren Kinderschuhen steckte, gelebt haben[19]. *Pascal* sieht diesen Umstand genauso. Der Mensch „ist im ersten Lebensalter unwissend; aber so wie er voranschreitet, lernt er ständig dazu"[20]. So macht er seinen Gedanken deutlich: „Daher schreitet nicht nur jeder Mensch durch ein bestimmtes Privileg von Tag zu Tag

---

15 Seneca, *Qaestiones naturales*, 7, 25 sowie Plinius der Ältere, *Naturalis historia*, II, 62.

16 Ambrosius von Mailand, *Epistulae*, 18, 7, 23.

17 Thomas von Aquin, *Scriptum super sententiis magistri Petri Lombardi*, 3, 1, Quaestio 1, Art. 4, Abs. 1.

18 Paulinus II. von Aquileia, *Liber exhortationis, vulgo de salutaribus documentis*, Kap. 43, in Migne, Patr. Lat., Bd. 99, 246 A.

19 F. Bacon, „Novum Organon", I 84, in *Works*, 1864, Bd. 8, S. 190.

20 B. Pascal, „Fragment d'un traité du vide" in *Pascal, Pensées et Opuscules*, Paris, Hachette, 1946, S. 79.

in den Wissenschaften voran, sondern alle Menschen zusammen machen in dem Maße, wie das Universum altert, kontinuierliche Fortschritte. Denn das Gleiche geschieht in der Generationenfolge der Menschen so wie in den verschiedenen Lebensphasen eines bestimmten Individuums."[21] Und er schließt wie *Bacon*: „Die, die wir die Alten nennen, waren in allen Dingen wirklich neu und haben die Kindheit der Menschen richtig geformt; und da wir mit ihrem Wissen die Erfahrung der Jahrhunderte, die ihnen folgten, kombiniert haben, ist es in uns angelegt, dass wir dieses Alter finden können, das wir in anderen verehren"[22]. Bei *Fontenelle* entsteht die Idee des kontinuierlichen Fortschritts, ohne Verschlechterung oder Verfall, weil sie die Frage des Alters beseitigt, „d. h. die Allegorie zu vérlassen, dass die Menschen nie verkommen werden und dass sich die gesunden Ansichten aller guten Geister, die aufeinander folgen, immer miteinander verbinden werden"[23]. Einige Jahre später wiederholte *Leibniz* dies in einem unveröffentlichten Text, der von *E. Cassirer* zitiert wurde: Er vertrat die Ansicht, dass die Welt der Ort eines unbestimmten Fortschritts sei, und er spezifizierte, dass *quod (universum) nunquam ad summun pervenit maturitatis gradum, nunquam etiam regreditus aut senescit.*[24]

Von da an drang die Idee des Fortschritts in die allgemeine Mentalität ein, vor allem, wie wir gesehen haben, dank der Kontroverse, die als Streit zwischen den Alten und den Neuern bekannt ist. „Es gibt nichts, was die Zeit nicht jeden Tag vervollkommnet", schrieb *Charles Perrault* in seinen *Parallèle des Anciens et des Modernes.* Es ist wahr, dass einige Autoren der Theorie des Alterns treu geblieben sind, wie zum Beispiel *Turgot*: „Die menschliche Rasse, die seit ihrer Entstehung betrachtet wird, erscheint einem Philosophen

---

21 Ibid., S. 80.

22 Ibid., S. 81.

23 B. de Fontenelle, „Digression sur les Anciens et les Modernes", in *Oeuvres complètes*, Genf, 1968, Bd. II, S. 362.

24 Zitiert durch Cassirer in *Leibniz' System in seinen wissenschaftlichen Grundlagen*, Marburg, 1902, S. 444.

als ein immenses Ganzes, das selbst, wie jedes Individuum, seine Kindheit und seinen Fortschritt hat“[25]. Andere hingegen, vor allem in kirchlichen Kreisen, kämpften energisch gegen diese Entwicklung in der Annahme an, dass dieser vermeintliche Fortschritt nur eine Regression wäre, weil es sich dabei um ein satanisches Werk handele.

Es entstanden zwei Vorstellungen von Fortschritt, die nach *R. Koselleck* bezeichnet werden können: Vervollkommnung und Verbesserbarkeit[26]. Ich möchte diese Unterscheidung jedoch etwas anders interpretieren, als es *Koselleck* tut. Die Verbesserbarkeit richtet sich an die Menschheit als solche, in dem Sinne, dass die menschliche Natur in ein neues Wesen verwandelt werden könnte, zum Beispiel den „totalen Menschen“ von *K. Marx*, frei von allen Entfremdungen. Im Allgemeinen ist die Idee der Verbesserbarkeit die Voraussetzung für revolutionäre Theorien. Die Vervollkommnung entspricht mehr der Vorstellung, dass Fortschritt auch heute noch üblich ist: Sie sieht die Zukunft in Form einer Ansammlung von materiellen und intellektuellen Verbesserungen, die den Menschen nach und nach glücklicher machen würden. Es handelt sich also um eine Reihe von Teilfortschritten und nicht um Fortschritt im Singular in dem Sinne, dass die Geschichte selbst Gegenstand unvermeidlichen Fortschritts sein würde. Hinsichtlich dieser neuen Ära erklärt *Condorcet*: „Der aktuelle Zustand der Aufklärung garantiert uns, dass die Zeit glücklich sein wird. Aber geschieht dies nicht auch unter der Bedingung, dass wir unsere ganze Kraft einsetzen können? Und damit das Glück, das sie verspricht, weniger teuer erkauft werden kann, damit es sich schneller in einem größeren Raum ausbreitet, damit es in seiner Wirkung umfassender wird, müssen wir nicht in der Geschichte des menschlichen

---

25 *Tableau philosophique des progrès successifs de l'esprit humain, in Oeuvres*, Glashüten, 1972, Bd. I, S. 215.

26 R. Koselleck, op. cit. S. 375. Siehe auch, „Fortschritt und Niedergang“ in R. Koselleck und P. Widmer, *Niedergang*, Stuttgart, Klett-Cotta, 1980, S. 214–230.

Geistes untersuchen, welche Hindernisse wir noch zu fürchten haben, welche Mittel wir haben, um sie zu überwinden?“[27]. Es sei darauf hingewiesen, dass der Titel von *Condorcets* Buch den Begriff des Fortschritts im Plural und nicht im Singular verwendet, d. h. die Geschichte ist das Gefäß, in dem verschiedene Fortschritte erzielt werden, aber sie ist nicht der Fortschritt an sich.

Die Ideologie des Fortschritts in dem Sinne, dass die Zeit die eschatologische Bedeutung eines Marsches der Menschheit zur Vollkommenheit von Gerechtigkeit, Gleichheit, Freiheit und Frieden haben würde, ist eine Erfindung des 19. Jahrhunderts. Die Menschen des 18. Jahrhunderts wollten der Erfahrung Gehör schenken. Diese ist natürlich durch sukzessive Verbesserungen gekennzeichnet, aber nicht ohne von Unannehmlichkeiten und Widrigkeiten ausgenommen zu sein. *Turgot* erkannte dies ohne Umschweife: „Die Gesamtmasse der menschlichen Rasse, im Wechsel von Ruhe und Aufregung, von Gut und Übel, arbeitet immer, wenn auch in langsamer Geschwindigkeit, hin zu größerer Vollkommenheit“[28]. Einer seiner Zeitgenossen, *Lichtenberg*, äußerte noch mehr Misstrauen: „Die Idee des Fortschritts, verstanden als ein Prozess zu größerer Vollkommenheit, sieht nicht gut aus, wenn wir die Analogie mit allem, was atmet, betrachten“.[29] *Diderot* war noch viel skeptischer. Denn, wie bekannt, hat er das Abenteuer seiner Enzyklopädie initiiert, damit eine Bestandsaufnahme des Wissens seiner Zeit erfolge, um es im Falle einer möglichen Katastrophe vor dem Vergessen zu bewahren. Die meisten Schriftsteller jener Zeit, so sehr sie auch der Idee des Fortschritts verbunden waren, schlossen die Möglichkeit eines möglichen Niedergangs keineswegs aus. Dies war der Fall bei *Condorcet*, der feststellte: „Die Verbesserbarkeit oder organische Degeneration von Rassen der Pflanzen und Tiere kann als eines der allgemeinen Naturgesetze

---

27 Condorcet, *Tableau historique des progrès de l'esprit humain*, zitierte Ausgabe, S. 44.

28 Turgot, „Plan de deux discours sur l'histoire universelle“, in *Oeuvres*, 1913, Bd. I, S. 285.

29 Lichtenberg, *Gesammelte Werke*, Frankfurt/Main, 1949, Bd. I, S. 282.

angesehen werden“[30]. Eine der aufschlussreichsten Überlegungen war die von *Gottsched*, der seinen eigenen Rationalismus zu kritisieren wusste: „Wer weiß, fragte er sich, ob die Menschheit nicht wieder zur Barbarei zurückkehren, d. h. metaphorisch gesprochen, ob sie nicht wieder in ihre Kindheit zurückfallen wird?“.[31] *F. Schlegel* stellte eine weitere Frage, die wiederholt in den Hintergrund verdrängt wurde. Während in seiner Zeit die Idee des Fortschritts leicht mit der eines Marsches zu mehr Gleichheit als synonym angesehen wurde, stellte er fest, dass der Fortschritt selbst eine Quelle der Ungleichheit ist: „Das eigentliche Problem der Geschichte ist das des ungleichen Fortschritts in den verschiedenen Bereichen der menschlichen Entwicklung insgesamt, vor allem wenn man die große Divergenz in der Reihenfolge der intellektuellen und moralischen Entwicklung betrachtet“[32].

Wenn die Realität einer relativen Vervollkommnung der Lebensbedingungen bereits im 18. Jahrhundert als vernünftig angesehen werden konnte, war die Realität der Verbesserbarkeit der menschlichen Natur als solche anmaßend. Im folgenden Jahrhundert wurde es zu einer der Grundlagen sozialistischer und revolutionärer Lehren. Es war *Rousseau*, der das Problem mit seiner bekannten Kühnheit zur Sprache brachte, nur um ihm jede Gültigkeit zu verweigern, weil er jeder Form revolutionärer Veränderung misstraute. Wenn er den Begriff der Verbesserbarkeit nicht erfunden hat, so hat er ihn zumindest der intellektuellen Sphäre hinzugefügt.[33] Mit diesem Begriff wollte er einen „spezifischen“ Unterschied zwischen dem Tierreich und dem menschlichen Reich herstellen. Das Tier bleibt von Natur aus identisch mit sich selbst, sowohl als Individuum als auch als Spezies, da seine Existenz durch

---

30 Condorcet, *ibid.*, S. 301.

31 J.C. Gottsched, „Abhandlung der Frage, vom Vorzuge der Alten oder Neuern im Absehen auf die Künste oder Wissenschaften“ in *Auserlesenen Schriften*, S. 631.

32 F. Schlegel, „Athenäums-Fragmente“, Nr. 222, in Sämtliche Werke, 1967, 2. Teil, Bd. II, S. 201.

33 Cf. J. Delvaille, *Essai sur l'histoire de l'idée de progrès jusqu'à la fin du 18ème siècle*, Paris, 1910.

den Instinkt gesteuert wird. Demgegenüber ist der Mensch von Natur aus mit der Gabe der Verbesserbarkeit ausgestattet, in dem Sinne, dass mit dem Alter der Mensch sich selbst, aber auch die Menschheit im Laufe der Zeit vervollkommnen kann. Diese Verbesserbarkeit, die wir so sehr loben, erscheint ihm als Unglück. „Warum ist der Mensch allein in der Lage, ein Idiot zu werden? Kehrt er denn nicht zu seinem primitiven Zustand zurück? Und, während das Tier, das nichts erworben und nichts zu verlieren hat, immer seinem Instinkt verpflichtet bleibt, verliert der Mensch wieder durch Alter oder andere Unfälle, alles, was seine *Verbesserbarkeit* ihm gegeben hatte, fällt also tiefer als das wilde Tier selbst? Es wäre traurig, wenn wir uns darauf festlegen müssten, dass diese unverwechselbare und fast unbegrenzte Fähigkeit die Quelle allen Unglücks des Menschen ist; dass es diejenige ist, die ihn im Laufe der Zeit aus diesem Urzustand herauszieht, in dem er ruhige, unschuldige Tage verfließen lässt; dass es sie ist, die seine Aufklärung und Irrtümer, seine Laster und seine Tugenden im Laufe der Jahrhunderte erblühen lässt, um ihn langfristig zu sich selbst und der Natur zurückzubringen“[34]. Für *Rousseau* sind Fortschritt und Niedergang daher zwei komplementäre Begriffe, in dem Sinne, dass der Fortschritt der Zivilisation in Kunst und Wissenschaft von einem Rückgang der Moral begleitet wird, gerade weil diese Fortschritte eine Quelle der Ungleichheit sind. „Fortschritt“, schreibt *Koselleck*, „produziert also Niedergang“[35], d. h. die Zivilisation ist dazu in dem Maße bestimmt, wie sie sich fortentwickelt und die Gründe für Korruption sich verstärken.

Als Leser von *Rousseau* blieb *Kant* dieser Interpretation nahe. Als Spross der Philosophie der Aufklärung schrieb er in seiner sogenannten vorkritischen Zeit in *Allgemeine Naturgeschichte und Theorie des Himmels*: „Die Schöpfung ist niemals vollendet. Sie

---

[34] J.-J. Rousseau „Discours sur l'origine de l'inégalité“ in *Oeuvres complètes*, Paris, Gallimard, 1964, Coll. Pléiade, Bd. III, S. 142.

[35] R. Koselleck, „Fortschritt und Niedergang“, *op. Cit.*, S. 227.

hat zwar einmal angefangen, aber sie wird niemals aufhören“[36]. Er glaubte damals sogar an ein unbestimmtes Fortschreiten nahezu kosmologischer Natur: Wenn die Welt dem Untergang geweiht wäre, wäre dieser bereits geschehen. Andererseits war er in seinen nachfolgenden Schriften vorsichtiger, besonders in seiner 1794er Studie über *Das Ende aller Dinge*: „Der Mensch kann seine Zufriedenheit nicht finden, eine moralische und physische Veränderung zu erblicken, die für immer andauert. Die Position, in der er sich zu irgendeinem Zeitpunkt befindet, ist immer schlecht im Vergleich zu derjenigen, die kommen wird: Die Vorstellung eines unbestimmten Fortschreitens bis zum Endziel ist auch die Aussicht auf eine unbestimmte Serie von relativen Übeln“[37]. Wie könnte eine kritische Philosophie nicht auch den Begriff des Fortschritts kritisieren, zumal es sich um eine neue Erfindung handelt? Wie könnte eine historisch bedingte Idee zur Substanz und zum Ende der Geschichte selbst werden?

Sehr viele Autoren des 19. Jahrhunderts glaubten, dass sie diesen eschatologischen Sprung im Namen der Geschichte selbst machen könnten. Wir werden sie hier nicht behandeln, weil sie nicht zum Thema gehören. Sehr schnell erlangte die Kritik am Begriff des Fortschritts jedoch wieder ihre Berechtigung, insbesondere unter dem Einfluss von *Nietzsche*. Er hat den Fortschritt als Merkmal des Niedergangs klassifiziert, was in gewissem Sinne auch

---

36 *Ibid.*, S. 224.

37 I. Kant, „Das Ende aller Dinge“, in *Pensées successives sur la Théodicée et la Religion*, Paris, Vrin, 1931, S. 171. Anmerkung der Übersetzer: Der Lesbarkeit halber wurde das Zitat aus dem Französischen ins Deutsche übertragen. Die Passage lautet im Original von Kant: „Wenn wir den moralisch-physischen Zustand des Menschen hier im Leben auch auf dem besten Fuß annehmen, nämlich eines beständigen Fortschreitens und Annäherns zum höchsten (ihm zum Ziel ausgesteckten) Gut: so kann er doch (selbst im Bewusstsein der Unveränderlichkeit seiner Gesinnung) mit der Aussicht in eine ewig dauernde Veränderung seines Zustandes (des sittlichen sowohl als physischen) die Zufriedenheit nicht verbinden. Denn der Zustand, in welchem er jetzt ist, bleibt immer doch ein Übel vergleichungsweise gegen den besseren, in den zu treten er in Bereitschaft steht; und die Vorstellung eines unendlichen Fortschreitens zum Endzweck ist doch zugleich ein Prospect in eine unendliche Reihe von Übeln, (...).“

stimmt: Es handelt sich dabei um eine moderne und damit falsche Idee. Zweifellos verwirrt der Glaube an den Fortschritt weiterhin die zeitgenössische Mentalität, stößt aber auch auf nuanciertere Kommentare, auch von Theoretikern wie denen der Frankfurter Schule. So glaubte *Horkheimer*, dass er zu einer Entmenschlichung führen kann, d. h. zum Verlust der Welt, die er zu retten vorgibt: „Fortschritt, schrieb er, riskiert, das Ziel zu zerstören, das er erreichen will: die Idee des Menschen selbst“[38]. Die vielleicht schärfste Kritik kommt von *Alain*, denn sie ist voller Ironie: „Nur zu! Noch ein Schuss, Leute! Ein oder zwei weitere kleine Massaker! Der Weg zum Fortschritt ist lang und kurvenreich. Die Steinzeit liegt weit hinter uns. Mut! Wenn wir keine Gerechtigkeit und keinen Frieden erleben, so werden unsere Ur-Enkel sie erleben. Der Tag wird kommen. ‚Der Tag wird kommen; aber wir sollten uns nicht beeilen‘, wie *Polonius* in *Liluli* sagt. Hat nicht ein anderer, aber sehr realistischer *Polonius* gesagt, dass der Krieg eines Tages abgeschafft werden würde, dass er sich dessen sicher wäre, dass man ihm innerhalb von zehntausend Jahren Recht geben würde. Und was sind zehntausend Jahre? Ich erinnere mich an *Autolycus*‘ Worte, des Taschendiebs der Shakespeare-Komödie, der sich tröstet, in dem er sich sagt: ‚Zehntausend Jahre später wäre ich ein rechtschaffener Mann gewesen. Jetzt und hier kann ich aber keinen dieser leichtfertigen Narren ansehen, ohne zu nehmen, was er hat. Zehntausend Jahre später würde mich ein solches Handeln entsetzen.‘[39] Die Idee des Fortschritts ist voller Spott und Täuschung“.[40]

Trotz ihrer Kürze zeigt uns diese Geschichte, dass der Fortschritt kein unumstrittener Begriff ist, der den zukünftigen Lauf der Dinge unfehlbar zu bestimmen vermag, und dass er die Idee des Niedergangs nicht ausschließt. Was kluge Autoren wie *Rousseau*,

---

38 M. Horkheimer, *Zur Kritik der instrumentellen Vernunft*, Frankfurt, 1967, S. 13.

39 Anmerkung der Übersetzer: Diese Passage konnte trotz intensiver Recherche nicht im Original von William Shakespeare gefunden werden. Aus diesem Grund greifen wir hier auf eine Übersetzung des Zitats nach Freund zurück.

40 Alain, *Politique*, Paris, P.U.F., 1952, S. 307.

Kant, *Condorcet* und andere schon durch reine Weisheit erahnt haben, dem stehen wir nun ganz direkt durch die Atomwaffen oder eher indirekt durch die demographischen Probleme gegenüber. In dieser doppelten Perspektive möchte ich die oft missbräuchlichen Beziehungen zwischen Fortschritt und Niedergang analytischer untersuchen, insofern als sie mit dem glänzenden Lack des Progressivismus gesalbt sind. Es ist jedoch nicht dieser Begriff als solcher, den ich untersuchen möchte. Denn er ist so schwer fassbar, dass es schwierig ist, ihn zu definieren. Aber einige seiner Erscheinungsformen, die leichter zu erkennen sind, lassen heute viele Gemüter erschaudern.

Der Fortschrittsglaube wird durch die Auswirkungen des rasanten Wachstums von Wissenschaft und Technologie angeheizt, aber auf eine ganz besondere Weise. Wir haben bereits darauf hingewiesen, dass *Marx* der Technik große Anerkennung zollte. *Lenin* tat dies noch mehr. Technologie und Wissenschaft – der Marxismus versteht sich als eine wissenschaftliche Theorie – sollten die materiellen Produktionsbedingungen und damit die des Lebens im Allgemeinen verändern, und diese Transformationen wiederum würden das Bewusstsein und das Wesen des Menschen, einschließlich der Geschichte, verändern. Der Mensch würde sich selbst als totaler Mensch erschaffen und somit sein eigener Schöpfer werden. Die Verbreitung der marxistischen Ideologie in Europa hat die Verbreitung der Nebelschwaden der Fortschrittsideologie sehr begünstigt, die vorgibt, dass Wachstum mit Verbesserung gleichzusetzen sei. Während der Fortschritt in Wissenschaft und Technologie nicht geleugnet werden kann, ist er in anderen Bereichen des menschlichen Handelns wie Moral, Kunst, Religion und Ethik im Allgemeinen umstritten. Noch zweifelhafter ist, dass der wissenschaftliche und technologische Fortschritt zwangsläufig zu einer Verbesserung des Wesen Mensch durch Veränderungen der materiellen Bedingungen führen würde, die tatsächlich angenehmer geworden sind. Nehmen wir ein Beispiel. Viele Soziologen des letzten Jahrhunderts, die sich dem Gedanken des

Fortschritts verschrieben haben, waren überzeugt, dass der wissenschaftliche Fortschritt zu einer Verringerung der Gewalt führen, den Frieden festigen und zu einer besseren menschlichen Bildung beitragen würde. Dies ist nicht der Fall. Wissenschaft und Technologie haben lediglich neue, manchmal grausamere und verheerendere Mittel zur Ausübung von Gewalt bereitgestellt. Bis hin zur Medizin, vor allem der Psychiatrie, die zu einem Mittel der Terrorisierung von Menschen geworden ist. Ohne Zweifel ist heute Bildung weit verbreitet, und es hat Fortschritte in diesem Bereich gegeben. Aber man kann nicht sagen, dass die Bildung besser geworden ist. Es gibt einfach keinen logischen oder mechanischen Zusammenhang zwischen diesen verschiedenen Ordnungen.

Es scheint mir im Gegenteil, dass progressive Ideen sogar eine Quelle des Niedergangs sind. In der Tat wird davon ausgegangen, dass rationale Methoden und Techniken der Organisation und des Handelns mit ihren Folgeerscheinungen von Planung, Strategie, Forschung, Robotik und Computersimulation die Voraussetzungen für die allmähliche Befreiung der Menschen schaffen würden, und zwar unter dem Vorwand, dass sie den Menschen Zeit zur Verfügung stellen würden sich als Menschen zu entfalten. Es wird auch die Auffassung vertreten, dass Bemühungen um soziale Gerechtigkeit, der angebliche Abbau von Ungleichheiten oder die Verhinderung von Kriminalität Errungenschaften des Fortschritts darstellen würden. In Wirklichkeit ist es eine Illusion, die durch den Mythos der endgültigen Lösung, die sich in unbestimmter Zukunft einstellen würde, aufrechterhalten wird. Es gibt einfach keine endgültige Lösung für die Probleme, mit denen der Mensch konfrontiert ist. Andernfalls würde er etwas anderes werden als das, was er ist und immer war.

Wie wirkt sich die methodische und technische Organisation des menschlichen Lebens aus? Keine Änderung oder Erneuerung des Menschen, sondern eine Nivellierung nahe an einer Unterwerfung infolge von verschiedensten Arten raffinierter Verfahren. Der

Geist der europäischen Zivilisation war in ständiger Bemühung, dafür zu sorgen, dass jeder Einzelne frei und verantwortungsbewusst sei, die Freiheit seiner Meinungen und Kritiken in allen Angelegenheiten zu gewährleisten und seine Würde und Sicherheit auf der Grundlage der Achtung von Gesetzen, die entsprechende Rechte und Pflichten beinhalten, zu wahren. Wir können jedoch nur das Nachlassen dieses Bemühens feststellen. Unter dem Deckmantel der politischen Bildung werden Techniken zur Konditionierung, Indoktrination und Reglementierung von Gedanken im Wege von Schmeicheleien entwickelt, deren Ziel es ist, die Ideen der Bürger mit den ihnen versprochenen materiellen Gütern in Einklang zu bringen und damit zu verknüpfen. Zwar üben Ideologien nicht mehr ihre Macht aus, aber der Intellekt wird ständig ideologisiert.

Das blinde Festhalten an einer Partei oder Doktrin stumpft den kritischen Geist ab, bis hin zur ausschließlichen Konzentration der Kritik auf die Gegner, bis zur Entschuldigung der regierenden Partei für ihre Inkonsistenzen und Verirrungen. Der freie Bürger verkommt zu einem bedingungslosen Parteimann, der weder von organisiertem Betrug noch von ungerechtfertigten Anschuldigungen oder vorsätzlichen Lügen zu erschüttern ist. Im Gegenteil, er begrüßt diese Missstände bei Demonstrationen auf der Straße oder mit seinem Stimmzettel. Wie *R. Michels* zu Beginn dieses Jahrhunderts vorausgesagt hat, erleben wir den Triumph jener Oligarchien, die Willkür zu ihrer Politik machen.[41] Im Namen der Gleichheit wird alles, was einem ehrgeizigen Anspruch ähneln kann, in die Mittelmäßigkeit verwiesen. Die Interessen von Organisationen gelten als der Würde des Einzelnen übergeordnet, sogar bis hin zur Diffamierung individueller Initiativen. Folglich fällt der Einzelne seinem Niedergang in stolzer Zustimmung anheim. Es wäre falsch

41 R. Michels, *Soziologie des Parteiwesens*, Stuttgart, Kröner, 1925. Hier verwendete Fassung entspricht der französischen Teilübersetzung aus *Les partis politiques*, Flammarion, 1971.

zu denken, dass einige von *Zinowjews* Beschreibungen nur für das sowjetische Volk gelten.[42]

Denn heimtückisch schleicht sich eine ähnliche Mentalität in die westlichen Köpfe, um die Substanz europäischer Zivilisation zur Erosion zu bringen. Von dieser Substanz ist nicht mehr viel übriggeblieben, denn heute erlaubt die europäische Zivilisation in ihrer Freizügigkeit dem Feind einzudringen und alles zu untergraben, was sie unter Strapazen aufgebaut hat. Manchmal haben wir den Eindruck, dass diese Mentalität sich sogar damit zufriedengibt, so pervertiert worden zu sein, wenn man die Hetzreden betrachtet, mit denen sie diejenigen überflutet, die noch versuchen, hellsichtig zu bleiben.

Die zweite Erscheinungsform dieses schädlichen Progressivismus findet sich im Utopismus. Damit ist nicht die Utopie als völlig unschuldiges literarisches Genre gemeint, sondern die gegenwärtige Tendenz, die Dinge im Wesentlichen zukunftsorientiert zu betrachten, meist in den vagsten Tönen, mit der Absicht, die Menschen in unbestimmte kollektive Handlungen zu treiben. Unter diesem Gesichtspunkt ist der Utopismus einer der Bestandteile der Ideologie. In diesem Zusammenhang ist zu bedauern, dass sich das logische Denken und die Bedeutung des freien Diskurses, der bisher die Originalität des europäischen Denkens ausmachte und die seinem Einfluss zugrunde lagen, verschlechtert haben. Die Folge dieses Niedergangs der Logik ist die Korruption des Geistes der Sprache. Wie *Y. Florenne* sagt, „die Völker sterben durch den Tod ihrer Sprache".[43] Es geht nicht darum, die Vorstellungen und die Literatur anderer Zivilisationen herabzusetzen, sondern nicht leichtsinnig auf die Gabe zu verzichten, die das westliche Denken groß und einzigartig macht. In der Tat erhöhen wir den Rang des

42 A. Zinowjew, *Le communisme comme réalité*, Lausanne, Edition de l'Age d'homme, 1981.

43 Y. Florence, „Les peuples fidèles", in der Zeitung *Le Monde* vom 21 Juli 1983.

Denkens anderer Menschen nicht, indem wir die Singularität des europäischen Denkens in Verruf bringen.

Genau der Utopismus steht im Konflikt mit dem uns eigenen logischen Geist. So inkonsistent wie er ist, weil er zusammengewürfelte Ideen vermittelt, ohne Gedankenstrenge und ohne Logik. Der erste Grund ist banal: Die klassische Utopie beschreibt bewusst eine unwirkliche Gesellschaft, die sich in keinem empirischen Raum und keiner Zeit befindet: Sie ist eine Art Gedankenspiel. Utopismus hingegen ist eine Denkweise, die menschliche und historische Erfahrungen im Namen einer chaotischen Fantasie verunglimpft, die sie als erreichbar darstellt, weil sie sie im Idealfall als großzügig beschreibt. Im Gegensatz zur Utopie ist sie sich ihrer Unwirklichkeit nicht bewusst. Darüber hinaus basiert der Utopismus auf einem Teufelskreis. Im Gegensatz zur Definition der Utopie, die sich aus ihrer Etymologie (eines von Raum und Zeit unabhängigen Denkmusters) ableitet, qualifiziert sie als Utopie jede Antizipation, jedes Projekt oder jede Prognose, die auf der Grundlage empirisch beobachtbarer und überprüfbarer Daten gemacht wird, die so im Rahmen der verfügbaren Mittel realisierbar werden soll. Die List besteht darin, die Menschen glauben zu machen, dass, da später positive Erwartungen und Prognosen möglich seien, jede Fantasterei, die außerhalb räumlicher und zeitlicher Bezüge sowie der Erfahrung der menschlichen Natur und damit ohne empirische Mittel konzipiert ist, auch möglich werden könne, solange die Absichten abstrakt großmütig und idealerweise edel sind. Im Grunde genommen ist dies eine semantische Usurpation, denn Utopie hat eine definierte Bedeutung, die nichts mit Antizipation oder einem positiven Projekt zu tun hat. So betrachtet der Utopismus beispielsweise subjektiv, dass Politik eine Entfremdung sei, d. h. eine zu eliminierende soziale Perversion darstelle. Er konstruiert ein ideelles, ein Bild der zukünftigen aber utopischen Gesellschaft, von der die Politik ausgeschlossen wäre, und hält dies, zum Beispiel auf der Grundlage einer rein dialektischen Vorstellung von einer angeblichen Entwertung der Wirtschaft, für möglich.

Es gibt jedoch einen gemeinsamen Punkt zwischen der Utopie im ursprünglichen Sinne und dem modernen Utopismus, nämlich dass beide eine Gesellschaft der Überwachung befürworten. Ich habe an anderer Stelle[44] gezeigt, dass das von den klassischen Utopien vorgesehene Gesellschaftsmodell polizeilicher Natur war, weil sie alle Kontrollen durchführen und dass sie jedes Ansinnen von Revolte unterdrücken, um zu verhindern, dass eine so ideale Verfassung zerbricht. Wenn wir die Anhänger des modernen Utopismus befragen, damit sie ihre vagen Vorschläge konkretisieren und der neuen Gesellschaftsform, für die sie eintreten, zumindest einen Anschein von Form geben können, sehen wir, dass sie von einer Gesellschaftsform träumen, die nicht nur wohlwollend, friedlich und gerecht, sondern auch reguliert und geplant ist, damit sie nicht wieder in die vorherigen Gesellschaftsformen zurückfällt. Im Grunde kann die Phantasie nach Belieben aus Raum und Zeit entkommen und, ihrer selbst verpflichtet, annehmen, was sie will. Aber das Handeln hat nicht den gleichen Spielraum wie der Gedanke, weil es auf den Widerstand der menschlichen Natur, ihre Leidenschaften, ihre unterschiedlichen Interessen und Ideen sowie die Knappheit der verfügbaren Mittel trifft. Utopisches Denken betrachtet Probleme ideell-abstrakt als gelöst, während konkretes Handeln sich zur Aufgabe nimmt, permanente Schwierigkeiten einer Lösung zuzuführen, die nie endgültig gelöst werden. Unter diesen Bedingungen ist es leicht zu verstehen, warum Revolutionen, weil sie theoretisch auf utopischen Ideen basieren, sobald sie triumphieren, zu einem Polizeiregime mutieren, eine Schreckensherrschaft begründen, jeden individuellen und kollektiven Aufstand brechen und nicht einmal mehr eine einfache kritische Opposition tolerieren. Da die Mittel zur Realisierung der Utopie nach aller Erfahrung fehlen, greifen sie auf das extreme und monströse Mittel der terroristischen und polizeilichen Gewalt zurück, ohne jegliche Aussicht, eines Tages die erträumte Gesellschaft zu verwirklichen. Es

44 In meinem Werk *Utopie et violence*, Paris, Rivière, 1978, S. 50 ff.

besteht ein Zusammenhang zwischen Utopismus und der Invasion der modernen Welt durch die Technik, deren Knoten der Dinge die Revolution ist. Die Anwendung der materiellen Technik auf menschliche Organisationen hat dazu geführt, dass sie die Gesellschaft als eine künstliche Schöpfung betrachtet, die nach eigenem Ermessen geschaffen, demontiert und anderweitig wiederhergestellt werden kann, falls sie nicht mehr genehm ist. Die Revolution ist die Erbin dieses unnatürlichen, künstlichen Gesellschaftskonzeptes.

Die bekannteste politische Konsequenz ist, dass der Utopismus heute die bestehenden Gesellschaften untergräbt und den Prozess des Niedergangs fördert und manchmal beschleunigt. In der Tat, angesichts des Versprechens einer neuen, idealerweise schönen Gesellschaft, sind alle historischen Gesellschaften unzureichend. Soweit es den Anhängern des Utopismus gelingt, durch Mittäterschaft der Intellektuellen, weite Teile der Bevölkerung für ihre Spekulationen zu sensibilisieren, gelingt es ihnen, die Strukturen gegebener Gesellschaften zu untergraben, manchmal sogar sie perfide zu bekämpfen, zu destabilisieren und zu desorganisieren. Im Namen des sogenannten Fortschritts endet der utopische Progressivismus darin, eine erschütterte Gemeinschaft in den Niedergang zu stürzen. Diese Taktik der Teilung und Auflösung verwendet im Allgemeinen Mittel, die auf jene schwören, denen sie in der angekündigten zukünftigen Gesellschaft zu folgen vorgibt. Aber sie heiligt sie im Namen des strahlenden Endziels, das die den Anhängern vorspiegelt. Indem sie behauptet, dass sie die Gesellschaft vor dem Niedergang bewahren wird, befördert der Utopismus denselben. Im Namen dieses trügerischen Fortschritts werden diejenigen, die versuchen, einen kühlen Kopf zu bewahren, als Reaktionäre bezeichnet. Selbst Institutionen, die ordnungsgemäß funktionieren, werden verleumdet, und ihre Verantwortlichen werden ständig belästigt, um sie zu diskreditieren. Zweifellos sind alle westlichen Gesellschaften durch diese utopistische Ansteckung kontaminiert, die weit davon entfernt, sie auch auf abgezweigten Pfaden einer neuen Morgendämmerung entgegen zu führen, ihren

Niedergang beschleunigt, bis sie eine leichte Beute für die so genannten Emanzipatoren werden, die sie von ihrer Freiheit und von all den Werten, die in ihnen verwurzelt sind, befreien werden.

Die verderblichste und unmittelbar gefährlichste Erscheinungsform des Progressivismus für die europäische Zivilisation ist jedoch der Pazifismus. Es ist wahr, dass diese in Nordeuropa viel häufiger vorkommt als in Südeuropa. Es ist zum Beispiel sehr bedeutsam, dass in Frankreich pazifistische Kundgebungen hauptsächlich unter der Schirmherrschaft der Kommunistischen Partei stattfinden, was deutlich macht, dass es sich um ein Manöver zur Unterstützung der Außenpolitik der Sowjetunion handelt. In Nordeuropa ist die Situation unklarer, denn, obwohl die UdSSR eine eindeutige Interessenpartei ist, nimmt ein bedeutender Teil der Sozialisten und einige rein pazifistische Verbände an derartigen Demonstrationen teil. Wenn wir von diesen Vorkommnissen abstrahieren, erscheinen Pazifisten als Menschen, die vorgeben, den Frieden stärker und überzeugter zu wollen als der Rest der Bevölkerung. Sie monopolisieren die Idee und lassen sie als Fortschritt in der Ordnung der menschlichen Beziehungen erscheinen.[45] Sie sind dabei, den Frieden in dem Sinne zu kriminalisieren, dass sie den bestehenden Frieden, den einzig möglichen Frieden, politisch verunglimpfen, im Namen einer idealisierten Friedensutopie, und sie helfen darüber hinaus direkt oder indirekt einem der virtuellen Feinde, die durch ihre Macht den bestehenden Frieden zu bedrohen in der Lage sind. Diese Kriminalisierung des Friedens geschieht, wie immer in solchen Fällen, im Namen der Großzügigkeit und der guten Absichten. Solange der Frieden jedoch ein Verhältnis zwischen den Staaten ist, kann er nicht bedingungslos sein.

---

45 Zur pazifistischen Ideologie siehe meine Studien, „Comment le pacifisme fait obstruction à la paix“ in *Points d'impact*, Nummer 2, Januar-Februar 1983, und „La vague pacifiste“ in *L'analyste*, Montreal, Nummer 3, September 1983.

Diese kurzen Hinweise müssen uns gegenwärtig sein, um zu verstehen, warum der aktuelle Pazifismus ein Zeichen des Niedergangs ist. Er träumt von einem Frieden ohne Feind und vergisst, dass der Feind bei der Schaffung von Frieden ebenso wichtig ist wie bei der Führung von Kriegen. Tatsächlich ist der Pazifismus so fasziniert von der Macht des virtuellen Feindes der westlichen Zivilisation und den Werten der Freiheit, Gerechtigkeit und Verhandlung, die er trägt, nämlich Sowjetrussland, dass er vergisst: Dies ist der virtuelle Feind und sein kriegerisches Spiel spielt er sogar mit. Seit seiner Gründung hat der russische Kommunismus seine Feindseligkeit gegenüber den Prinzipien des europäischen Denkens nie verschwiegen. Die Wurzel des gegenwärtigen pazifistischen Aktionismus ist eine Ideologie, die von der UdSSR propagiert wird. Sie, die UdSSR, sei, im Gegensatz zum imperialistischen und kapitalistischen Amerika, ein fortschrittliches Land – trotz Despotie und Gulag. Mit anderen Worten: auch wenn der Sozialismus ein System der Unterwerfung ist, bleibe er ideell und theoretisch eine Lehre des Fortschritts. Unter diesem Gesichtspunkt ist der Pazifismus, wenn der Krieg ein offener Bruch eines Friedenszustandes ist, dessen heuchlerischer Feind.

Die Pazifisten behaupten, dass sie Europa retten wollen, tragen aber eine Heilsbotschaft vor, die darin besteht, es der Bestie zum Fraß vorzuwerfen. Sie schwören nicht nur der externen Gefahr nicht ab, sondern – viel schlimmer – untergraben Europa vor allem von innen, indem sie seine moralische Widerstandsfähigkeit brechen. Wie wir seit *Demosthenes* und auch aus der Zeit vor dem Fall des Römischen Reiches wissen, tappt ein Land im Niedergang leicht in die pazifistische Falle. Aber es reicht den Pazifisten nicht aus, dass Europa bereits geschwächt ist, es muss auch dazu gebracht werden, seine Seele zu verlieren. Was sie in der Tat aufs Spiel setzen, ist die Unabhängigkeit der europäischen Nationen, die notwendigerweise aus dem Willen entsteht, das Heimatland gegen die Feinde zu verteidigen, die es bedrohen. Es hat noch nie eine Zivilisation gegeben, die nicht ein militärisches Gesicht hatte.

Seit den Griechen und Römern – und die Französische Revolution hat dies bewiesen – besteht eines der Attribute des Bürgers und sogar sein Zeichen der Noblesse immer im militärischen Vorrecht, d. h. in der Ehre, an der Verteidigung seiner Stadt teilnehmen zu können. Unter diesem Gesichtspunkt verzerrt der Pazifismus nur das Wesen des Bürgers, indem er ihn in den Rang eines Subjekts aufwertet, das seine Erlösung nur von der möglichen Gnade der Herrscher erwarten kann. Indem der Pazifismus für Frieden um jeden Preis gegen den virtuellen Feind eintritt, opfert er die Überlebenschancen Europas und seiner Zivilisation. Leider ist es sinnlos, die Erfahrung der Geschichte bei solchen Menschen zur Sprache zu bringen, die einem bedingungslosen Glauben folgen. Auch die Politik verliert in diesem Fall ihre Befugnisse, da sie naturgemäß dem Schutz der Bürger dient. Dieser Schutz ist sinnvoll, wenn es sich um eine Ausnahmesituation handelt, die sich in der Regel aus der Tätigkeit eines Feindes ergibt. Wer ist der Feind der europäischen Zivilisation und der Werte, die sie repräsentiert?

3. Hoffnung im Niedergang

Die soeben dargelegten Überlegungen zeigen, dass Europa, im Licht der meisten vorangegangenen Niedergangsprozesse, einer doppelten Bedrohung von innen und außen ausgesetzt ist. Auf der einen Seite ist es in eine Phase innerer Schwächung eingetreten, die durch die kombinierte Wirkung mehrerer Faktoren hervorgerufen wird. Auf der anderen Seite lebt es unter den Blicken eines äußeren Feindes, der darauf wartet, dass es sich zersetzt, bevor er es zerschlägt. Trotz außerordentlicher Fortschritte in Wissenschaft und Technologie hat der innere Niedergang die Tendenz, sich zu verbreiten. Denn wie wir gesehen haben, ist der Fortschritt keine Alternative zum Niedergang. Einige Politiker

haben in Vorahnung der Gefahr die Europäische Union aufgebaut. Aber die Praxis entspricht nicht der Theorie. Tatsächlich haben die Organisationen der Europäischen Gemeinschaft bisher nur die Unordnung widergespiegelt, die sich in jedem einzelnen Mitgliedstaat breitgemacht hat. Sowohl rechte als auch linke Regierungen waren bisher machtlos, den Prozess zu stoppen. Der äußere Feind seinerseits verfügt über Erkenntnisse, mit denen er unter dem Deckmantel irreführender Forderungen nach einem nationalen Aufbruch in der Praxis Widerstandsbarrieren abbaut. Sie sind umso unerbittlicher bei der Vorstellung ihrer sogenannten großmütigen Lösungen, als sie überhaupt nicht der Lösung angemessen sind.

Sollten wir uns damit abfinden? Ein Niedergang besteht nicht aus einem gleichmäßig beschleunigten Fall, d. h. er verläuft nicht gleichmäßig entlang eines Abhangs ohne Unterbrechung und Wiederanstieg. Niedergangprozesse gehorchen keinem physikalischen Gesetz, denn sie bleiben den Wechselfällen menschlicher Vorsätze und Bestimmungen unterworfen. *De Gaulle* und *Churchill* haben unter diesem Gesichtspunkt eine paradigmatische Arbeit geleistet. Sie waren beide von einem Gefühl drohenden Niedergangs getrieben. Aber gleichzeitig unternahmen sie fast übermenschliche Anstrengungen, um im Rahmen ihrer Möglichkeiten und unter großen Opfern eine aussichtslose Situation zu überwinden. Vielleicht haben sie sogar ihre Energie aus jener Hellsichtigkeit geschöpft, die sich der Agonie verweigert. In der Tat folgt die Geschichte nicht einem festgelegten Verlauf, denn sie ist ständig voller Überraschungen, die aus Rückschlägen, Intervallen und mehr oder weniger nachhaltigem Wiederaufrichten bestehen können. Große Worte sind in diesem Fall nutzlos, wenn die konkrete Handlung nicht darauf folgt. Im Gegenteil: es ist notwendig, Charakterstärke und Hartnäckigkeit zu zeigen, die einzigen Qualitäten, die uns befähigen, das Gewissen zu erwecken und den Willen voranzutreiben, sich selbst zu übertreffen. Wir fordern nicht Heldentum, sondern die Ablehnung der gemeinen Banalität der Alltagspolitik. Denn, wie sagte *Max Weber*, „wir hätten nie das Mögliche erreichen

können, wenn wir in der Welt nicht immer und ununterbrochen das Unmögliche angegangen wären“[46].

Die Überraschungen der Geschichte scheuen weder ein Land noch den externen virtuellen Feind. Er ist nicht oder zumindest noch nicht ganz der Meister des Spiels. Er kann nicht nur Fehleinschätzungen erliegen, sondern ist auch nicht sicher, weil es ein Zwangssystem, schädliche Erschütterungen und sogar Unruhen innerhalb seiner Grenzen gibt. Europa wird diese möglichen Stürme nur dann nutzen können, wenn es nicht die Flinte ins Korn wirft und somit bereit ist, der Herausforderung im Falle eines Falles gerecht zu werden. Das Glück lächelt wirklich nur denjenigen zu, die vorbereitet sind. Nur dann kann sich Europa intern festigen und seine Schonfrist hinauszögern, wenn sich die Zwietracht beim Feind einstellen sollte.

Nichts ist entmutigender als Enttäuschung, wenn man verrückte Hoffnungen auf der Grundlage schöner, rein verbaler Versprechungen genährt hat, die nicht den Zwängen der Situation entsprechen. Nochmals: Die Einsicht erfordert, dass wir das Ausmaß des Niedergangs, in den wir eingetreten sind, so genau wie möglich einschätzen. Das Schlimmste wäre, den Niedergang als unvermeidlich hinzunehmen und ihm nachzugeben, wie es viele bereits heute tun. Wenn dieses Gefühl die Mehrheit der europäischen Bevölkerung erfassen würde, dann würde der Niedergang in Agonie enden. Der Niedergang wird jedoch nur für künftige Generationen, die dafür nicht verantwortlich sind, ein wahres Unglück sein. Der Niedergang kann, wegen des Reizes der Unbekümmertheit, den er entfacht, in seinem Anfangsstadium ein verführerisches und sogar fesselndes Erscheinungsbild einnehmen. Intellektuelle können leicht in diese Falle tappen, wie *A. France* mit einer gewissen Melancholie in *La vie en fleur* feststellt. Und er setzt sie vor einer bereits zu seiner Zeit geläufigen Schwülstigkeit in Alarmbereitschaft, wenn er davor warnt, dass die Wahrscheinlichkeit groß sei,

---

46 Max Weber, *Le savant et le politique*, zitierte Ausgabe, S. 200.

sie würden nicht mehr Gefolgschaft finden werden als die letzten Schriftsteller der lateinischen Antike.

Keine Zivilisation dauert ewig. Manchmal sterben Zivilisationen durch einen externen Schock, noch bevor sie ihre volle Kraft erreicht haben. Manchmal erliegen sie der Erschöpfung, weil sich die Müdigkeit über sie legt. Diese Müdigkeit führt in der Regel zu einem schrecklichen Verschleiß der verbleibenden Energie, denn sie verbrennt sie nicht mehr im lustvoll belebenden Wachstum, sondern in parasitärem Auswuchern. Diese sind wie die Absurditäten einer Logik, die bis zum Äußersten ihres inneren Gesetzes gedrängt und von der Realität abgeschnitten sind. Die Zivilisation wendet sich gegen sich selbst, um gratis das zu erleben, was von ihrer Stärke übrigbleibt. Alles geschieht, bis hin zum Unsinn, als ob die europäische Zivilisation alle in ihrem Prinzip enthaltenen Möglichkeiten ausnutzt, die sie aber zuvor wie ein Geschwür zu unterdrücken vermocht hatte. Nachdem sie die ganze Robustheit ihrer Konstitution erforscht hat, beabsichtigt sie auch, die Symptome der Kraftlosigkeit zu kennen, indem sie in Übermaß und Absurdität ihre Fähigkeiten und Veranlagungen herausfordert. In diesem Sinne können wir sagen, dass der Niedergang in ihr schon ursprünglich vorgegeben war. Das Unglück ist, dass sie sich durch übermäßige Gewalt selbst abnutzt und indisponiert, indem sie sich schuldig macht und sich selbst beschuldigt, ihre Verteidigungsmittel, zum Beispiel den militärischen Geist, zerstört oder sich der Verurteilung von Beschränkungen und Regeln hingibt. Sie nutzt den Fortschritt, indem sie ihn in Richtung eines suizidären Progressivismus umleitet.

Diese innere Depression der europäischen Zivilisation ist weitgehend das Ergebnis der Aufgabe von auswärtigen Positionen. In dieser Hinsicht kann sogar ein objektives Kriterium für Europas Niedergang ausgemacht werden. Tatsächlich ist es immer möglich, den inneren Zerfall in Frage zu stellen, denn dabei handelt es sich um eine rein subjektive Beurteilung. Viele Autoren, insbesondere die Anhänger des Progressivismus, leugnen dies in der Tat: Sie

behaupten, dass sich die europäische Zivilisation aufgrund der anhaltenden Demokratisierungsbemühungen heute in voller wissenschaftlicher, technologischer, kultureller und sogar politischer Blüte stehe. Andererseits ist das objektive Kriterium unbestreitbar. In der Tat können wir nur von einem Rückschlag sprechen, wenn wir von einem früheren Expansionszustand ausgehen, von einer Blüte, die ein Höhepunkt gewesen sein könnte. In diesem Sinne ist jeder Niedergang relativ. Aber gleichzeitig können wir dank dieses externen Kriteriums den einzigartigen Charakter der europäischen Zivilisation besser definieren. Zugegebenermaßen findet der europäische Niedergang in einem Kontext absolut ungewöhnlicher Progressivität statt, die anderen Zivilisationen unbekannt ist. Aber das reicht nicht aus, um ihre Originalität zu markieren. Das äußere Kriterium ist unendlich überzeugender, wie wir in den ersten beiden Kapiteln von *La fin de la Renaissance* herausgestellt haben.

Europa hat die experimentellen und mathematischen Wissenschaften sowie die Human-, Geschichts-, Soziologie-, Psychologie- und Wirtschaftswissenschaften erfunden. Es war die treibende Kraft hinter der technischen Rationalisierung, es hat Demokratie in die Politik gebracht, das System des Überflusses in der Wirtschaft entwickelt, etc. Man kann ihm verschiedene Entgleisungen und Exzesse vorwerfen. Aber man kommt nicht umhin festzustellen, dass dieses Werk grandios ist. Außerdem ist es die einzige Zivilisation, die andere Zivilisationen in Raum und Zeit entdeckt hat. Diese Tatsache ist absolut einzigartig und entscheidend, und nur eifersüchtige Geister aus anderen Kontinenten können versuchen dies, wenn auch vergeblich, anzufechten. Tatsächlich war es Europa, das sich zur Begegnung mit präkolumbischen, hinduistischen, japanischen, chinesischen, melanesischen und anderen Zivilisationen aufmachte. Es waren nicht diese anderen Kulturen, die die Initiative ergriffen haben, es aufzusuchen. Es entdeckte die hethitischen, mykenischen, sumerischen, prä-inkaischen oder sogar die alten Mali- oder Ghana-Zivilisationen wieder. Es hat die

gesamte Erdoberfläche erkundet, unbekannte und unbewohnte Inseln, die Arktis und die Antarktis aufgesucht. Aber kaum hatte es dieses Abenteuer beendet, als es sich auf sich selbst, in seine geografischen Grenzen, unter dem Deckmantel der Dekolonisierung, zusammenkauerte. Wozu Europa so viele Jahrhunderte gebraucht hatte, um es zu erobern, dessen hat es sich innerhalb von drei Jahrzehnten entledigt.

Alles geschah so, als ob Europa bei der Entdeckung der Grenzen des Erdballs gleichzeitig auf seine eigenen Grenzen gestoßen sei. Es wurde mit seinem eigenen möglichen Ende konfrontiert, denn mangels eines noch zu überwindenden Jenseits blieb es stehen. Diese Entscheidung war das erste Zeichen seines Niedergangs. Es ist nicht mehr es selbst, obwohl es jenes Unternehmen vorbereitet hat, das Raumschiffe ins All schickte und den Mond eroberte. In Bezug auf all das, was es geschafft hat, was es nicht mehr in der Lage zu tun ist, und in Bezug auf seine Selbstaufgabe ist es unbestreitbar im Niedergang begriffen. Europa ist nicht mehr das, was es einmal war. Seine Macht nimmt angesichts der beiden Kolosse, zu denen die USA und die UdSSR geworden sind, ab. Es gibt keine andere Ambition mehr für Europa, als sich selbst zu erhalten. Zu allem Überfluss verteidigt es sich nicht einmal mehr gegen die erhobenen Anschuldigungen, so als ob sein Gesamtwerk kriminell gewesen wäre. Viele Europäer akzeptieren nicht nur Beleidigungen, sondern überbieten sich auch gegenseitig in der Selbstbezichtigung! Indem es seine Macht aufgibt, lässt sich Europa schließlich von anderen die Gesetze des Handelns diktieren. Dies ist das objektive Kriterium für seinen Niedergang.

Auf der Grundlage dessen, was Europa war, müssen wir seinen Niedergang verstehen und gegebenenfalls die Reaktion hierauf organisieren. Tatsächlich kann der Niedergang, um seiner selbst willen betrachtet, nur zu düsteren, ja verzweifelten Gedanken führen. Trotz des Rückzugs auf sich selbst wird es so bleiben, dass sich die Dimensionen der europäischen Zivilisation nie mehr nur auf ihre geografischen Grenzen beschränken werden. Es ist die

einzige universelle Zivilisation, die jemals existiert hat, und als solche drückt sie nicht nur die europäische Seele, sondern auch die aller Völker der Erde aus, da sie von ihr definitiv geprägt wurde. Aufgrund seines eigenen einzigartigen Epos ist es nur natürlich – ich wiederhole dies – dass es den neidischen Hass anderer Kulturen entfacht, deren Ausstrahlung räumlich begrenzt blieb. Von nun an neigen auch sie aufgrund der europäischen Ansteckung zur Universalität. Darüber hinaus ist es diesen anderen Kulturen erst durch ihre Begegnung mit Europa dank der ebenfalls europäischen Ethnologie wirklich gelungen, sich ihrer selbst stärker bewusst zu werden. Würden sie auch die Spuren des europäischen Einflusses beseitigen wollen, sie könnten es nicht mehr. Europa ist heute in der Tat – genauso wie ihre voreuropäische Vergangenheit – ein unauslöschliches Merkmal ihres kollektiven Gedächtnisses. Stellen wir daher die Frage offen und ohne Selbstgefälligkeit: Welcher Afrikaner zum Beispiel, der die Gunst der europäischen Zivilisation genossen hat, möchte zu dem unbehaglichen Leben seiner Vorfahren zurückkehren? Er kann seinen Wunsch romantisch und ideell, sogar leichtfertigt, empfinden, aber dieser Wunsch wird sich nie wieder erfüllen. Die manchmal lauten Behauptungen von Nicht-Europäern spiegeln ihre Unzufriedenheit darüber wider, dass sie in mancher Hinsicht noch nicht zu den Europäern aufgeschlossen haben. Es ist einfach dumm, wenn die Europäer versuchen, diese Aspekte in qualvoller Herablassung zu verheimlichen. Indessen wäre es natürlich noch dümmer, die Tatsache zu ignorieren, dass es neben den Wohltaten der europäischen Zivilisation auch schädliche Auswirkungen gibt. So herrscht, verborgen in selbstgefälliger Schmeichelei, eine verächtliche Respektlosigkeit vor.

Ob wir es wollen oder nicht: die ganze Welt ist europäisch geworden. Aber die europäische Zivilisation wird auf vielfältige Weise durch die jeweiligen Kulturen der verschiedenen Völker integriert. Darüber hinaus verursacht jeder Kulturschock Krisen auf beiden Seiten. Die chinesische, japanische, indische oder afrikanische Kultur ist in Kontakt mit Europa in eine Krise geraten, aber

Europa ist dabei auch nicht verschont geblieben. Europa empfindet diese Krise stärker, weil hieraus eine Form des Niedergangs hervorgegangen ist. Ein Großteil der außereuropäischen Völker verliert weitgehend das Interesse an der europäischen Krise und versucht, sie zu ignorieren, um davon nicht betroffen zu sein. Und doch werden sie aufgrund der Universalität der europäischen Kultur, oft mit Widerwillen, die Folgen des europäischen Niedergangs zu tragen haben. Es ist einfach unmöglich, dass sie sich vor den Folgen schützen könnten, da sie nicht so tun können, als habe es nie einen Kontakt zur europäischen Zivilisation gegeben. So wenig sie die europäische Expansion einzudämmen vermochten, werden sie auch nicht in der Lage sein, die Auswirkungen dieses Niedergangs auf ihr eigenes Schicksal einzuhegen. Die gesamte kommende Geschichte, wie auch die jedes Volkes der Welt, ist heute vom europäischen Abenteuer geprägt, unabhängig von der Universalität seiner Zivilisation. Wenn diese Universalität so besonders und einzigartig in Bezug auf alle anderen Zivilisationen ist, so ist auch sein Niedergang einzigartig in Bezug auf alle früheren Niedergangsprozesse.

Das Paradoxe ist, dass die europäische Zivilisation in jenem Moment niedergeht, in dem sie die Eroberung der ganzen Welt abgeschlossen hat. Vorläufig wird sie von außereuropäischen und nicht-westlichen Völkern nachgeahmt und herausgefordert, ganz einfach aus dem Grund, dass einem Mächtigen nichts vergeben wird, wenn dieser zu schwächeln beginnt. Es ist jedoch zu erwarten, dass es nach Abschluss der Phase der Vorwürfe gegen Europa aus zwei Gründen zu einem Wiedersehen kommen wird: Einerseits bleibt Europa trotz aller Beschwerden das Beispiel eines langsamen Wachstums, von dem außereuropäische Völker profitieren müssen, und andererseits werden diese Völker seine Mitwirkung benötigen, um nicht von den Ambitionen der neuen politischen Giganten überwältigt zu werden. Abgesehen von diesen Überlegungen, die lediglich Hypothesen sind, scheint eines jedoch sicher zu sein: Die europäische Zivilisation wird, sofern keine Katastrophe eintritt, in

anderen Formen überleben. Aber die Europäer werden nicht mehr die einzigen sein, die die Entwicklung vorantreiben. Mit anderen Worten, selbst im Niedergang wird die europäische Zivilisation weiterhin durch fremde, nichteuropäische Beiträge bereichert, die höchstwahrscheinlich zum Verschwinden mancher spezifischen Merkmale und zur Akzentuierung anderer Merkmale sowie zu Abweichungen und Verirrungen beitragen werden. Wir müssen daher zwischen rechtmäßigen und natürlichen Nachkommen der europäischen Zivilisation Erbstreitigkeiten erwarten. Allerdings wird es nicht mehr möglich sein, eine Geschichte der Zukunft der Welt, wie wir sie kennen, zu bestimmen, als ob diese europäische Zivilisation nicht bestanden habe. Wir müssen mit unerwarteten Fortsetzungen und Weiterungen rechnen.

Diese eher entfernten Aussichten entbinden die Europäer jedoch nicht von der unmittelbaren Notwendigkeit, alles in ihrer Macht Stehende zu tun, um sich zu fangen und ihr Schicksal in die Hand zu nehmen. Sie halten noch einige Trümpfe. Trotz der aktuellen Krise sind alle europäischen Nationen nach wie vor eine wichtige Wirtschaftsmacht. Sie verfügen weiterhin über eine technologische Überlegenheit, die noch einige Zeit entscheidend sein wird, sie können auf ein hochqualifiziertes materielles und menschliches Instrumentarium vertrauen, und schließlich profitieren sie von erheblichen spirituellen Ressourcen. Europa steht noch nicht vor dem Abgrund. Es gibt also noch genügend Möglichkeiten und Potenziale für den Wiederaufstieg, sofern sie im Einklang mit dem traditionellen, kritisch ausgebildeten europäischen Geist genutzt werden. Die unvergleichliche Erfindungs- und Schöpfungskraft, die die europäische Zivilisation seit jeher prägt, basiert auf einem kritischen Geist, der anderen Zivilisationen unbekannt ist. Gleichermaßen in der Analyse und in der Synthese bewährt, ist er geeignet ist, Widersprüche zu überwinden. An dem Tag, an dem die Europäer den Fehler begehen, auf diese Gabe der Kritik zu verzichten, würden sie als politische Konsequenz die Vorteile ihrer Freiheiten verlieren. Dann würde der Niedergang wirklich

vollzogen sein. Leider sind zu viele Gemüter schon bereit, ihre kritische Freiheit gegen den sogenannten Frieden mit einem Feind einzutauschen, der allein daran denkt, sie zu unterwerfen. Es erscheint mir unerlässlich, diese Tendenz zu bekämpfen, die, um die Zögerlichen besser zu verführen, sich mit einem moralisierenden Prunk und einer betrügerischen Interpretation des Evangeliums schmückt. Es gibt sogenannte ethische und religiöse Ansprüche, die demoralisierend wirken und letztlich katastrophal sind. Wenn die Moral angegriffen ist, gibt es kaum noch Hoffnung. In jedem Fall gilt: Wir retten nicht jene Werte, an die wir glauben, indem wir sie der Gnade einer Macht ausliefern, die deutlich erkennbar der Feind des kritischen Denkens und der westlichen Freiheiten ist.

Nicht von anderen können die Europäer das Heil ihrer Zivilisation erwarten, sondern von sich selbst, vorausgesetzt, sie sind dazu bereit und in der Lage, die notwendigen Mittel einzusetzen, um sie zu gewährleisten. In dieser Hinsicht erscheint es mir unerlässlich, den einfachen Instinkt wieder zu entdecken. Denn eine Zivilisation entwickelt sich nicht nur auf den Gipfeln, sondern auch mit der instinktiven und oft unbewussten Unterstützung der Bevölkerung im Allgemeinen. Aufgrund seiner rein intellektuellen Logik verliert Europa jedoch den Nährboden, in dem die Wurzeln ihre Nahrung finden. Die manchmal von Alltagssoziologen kritisierten einfachen Instinkte sind der Jungbrunnen einer Zivilisation, die sich gegen die Vereinnahmung durch eine Logik wehrt, welche sie mit ihren Umfragen zu ihrer Rationalität erschöpft. Instinkt ist im Wesentlichen eine Einladung, die Ursprünge einer Kultur zu überdenken, d. h. sie fordert die Vernunft auf, existentiell vernünftiger statt intellektuell rational zu sein. Die Intellektuellen haben alles Recht, die Möglichkeiten der Idee, deren Träger sie sind, zu erforschen. Aber die menschliche Welt ist so vielfältig, dass sie nicht allein den Verfügungen der Intellektuellen unterworfen werden kann: Es gibt auch Bauern, Arbeiter, Händler und Unternehmer, die sich aufgrund des Gesetzes ihrer Tätigkeit

nicht den Erfordernissen der Abstraktion unterwerfen können, ohne ihre Arbeit zu beeinträchtigen. Man kultiviert ein Feld nicht auf dieselbe Weise, wie man ein Buch schreibt. Es ist dieser einfache Instinkt, den wir Intellektuellen wiederbeleben müssen.

Ich möchte, dass die Zusammenfassung dieses Buches meine Art von Beitrag zum Werk einer Zivilisation leistet, deren andere Handlungen gleichermaßen gültig sind. Tatsächlich ist keine Zivilisation das Vermögen derer, die für sich in Anspruch nehmen, ihr Gewissen zu sein. Sie spült die Fasern all derer, die daran teilhaben, manchmal auf mechanische Weise. Der Bauer der Vogesen oder der Alpen arbeitet mit einer ähnlichen Tugend wie der Pariser Intellektuelle. Der Beitrag des Einzelnen ist natürlich ungleich, wenn wir dessen Mehrwert nur auf der Ebene der Intellektuellen messen. In Wirklichkeit ist diese Ungleichheit die Voraussetzung für den Reichtum eines jeden Fortschritts. Um eine Metapher des Segelsports zu verwenden: Für das Vorankommen eines Bootes ist ein stilles, ruhiges Gewässer hinderlich. Die Wahrhaftigkeit des Meeres begünstigt diejenigen, die am geschicktesten darin sind, die Unregelmäßigkeiten der Winde zu nutzen. Ein Rennen ehrt den Ersten, es etabliert eine Hierarchie, genau wie eine Weltmeisterschaft im Fechten oder in der Leichtathletik. Es gibt keine Gleichberechtigung im Stadion, im Ring oder auf dem Rasen der Olympischen Spiele. Die Russen sind stolz, wenn sie die Amerikaner schlagen können. Wo bleibt in diesen Fällen die ideologische Gleichheit? Das macht den einfachen Instinkt nachweisbar aus. Er zeigt uns die Weisheit der unumkehrbaren Erfahrung der Menschheit seit ihrer Entstehung.

Im Geiste der soeben von mir beschriebenen einfachen Instinkte scheint es, dass die erste Voraussetzung für die Verteidigung der europäischen Zivilisation darin besteht, dass ein neuer Stolz der Europäer erwacht, ohne den sie ihr Selbstvertrauen nicht zurückgewinnen werden. Ohne Selbstachtung kann man andere nicht lieben, will sagen, dass jemand, der mit sich selbst unzufrieden ist, auch mit anderen unzufrieden ist. Dieser Stolz führt im Positiven

dazu, dass wir uns nicht dafür schämen, was die europäische Zivilisation der Welt gebracht hat, denn ihr Beitrag ist mindestens gleichwertig mit den anderen Zivilisationen. Ich würde sogar sagen, dass sie überlegen ist, unabhängig von den materiellen Errungenschaften, die sie in Gang gebracht hat (z. B. soziale Absicherung, die anderswo unbekannt ist), nur weil sie andere Zivilisationen verpflichtet hat (der Begriff „verpflichtet“ ist nicht übertrieben), sich durch europäische Kategorien ihrer eigenen Originalität bewusst zu werden, manchmal gegen die europäische Kultur. Sie hätten es allein nicht geschafft. Warum sollten wir uns dafür schämen? Es liegt im Geist jeder Zivilisation, stolz auf ihre Leistungen im Vergleich zum Glanz anderer zu sein. Im Negativen bedeutet der Stolz, dass wir Europäer uns nicht mehr schuldig fühlen, denn unsere Zivilisation ist keine Hölle. Es liegt in der Logik des Kampfes anderer Völker um ihre Unabhängigkeit begründet, wenn sie versuchen, Europa das Gefühl der Schuld zu geben. Dieses Manöver gehört zu ihrem strategischen Inventar. Aber es wäre unverzeihlich, wenn sich die Europäer auf diese Weise einschläfern ließen. Die Politik macht nicht an den Grenzen Europas halt. Unter diesem Gesichtspunkt stellen bestimmte Formen der Solidarität mit der Dritten Welt-Propaganda nicht nur eine schändliche Kapitulation des kritischen Geistes dar, sondern auch einen Affront gegen die Gerechtigkeit, von der sie behauptet, der Herold zu sein. Es liegt mir fern zu leugnen, dass die Europäer bei ihrer Eroberung der Welt keine Ungerechtigkeiten begangen oder die Würde anderer Völker verletzt haben. Aber die Reaktionen dieser anderen Völker sind ebenso ungerecht. Sie haben nicht das Privileg der Unschuld, schon allein deshalb nicht, weil sie vor der Ankunft der Europäer eine bewegte Geschichte hatten. Der Kampf gegen die Sklaverei zum Beispiel ist ihnen nicht einmal in den Sinn gekommen. Ohne ins Detail zu gehen, gibt es jedoch wirklich keinen Grund, diese banale Wahrheit der historischen und menschlichen Erfahrung zu verkennen: Kein Volk kann den anderen ein Kapitel unbefleckter Jungfräulichkeit vorweisen.

Im Gegenteil, ich halte es für unerlässlich, der europäischen Zivilisation zu danken, dass sie nicht nur aus religiöser Sicht, sondern auch aus der Sicht der Organisation der Gesellschaften die dialektische Bedeutung des Negativen verstanden hat. Das ist die Substanz des kritischen Geistes, auch wenn diese erstaunliche Einsicht in den europäischen Geist für Propagandazwecke missbraucht wird. Ein Beispiel. Der Begriff der Menschenrechte ist europäischen und zwar ausschließlich europäischen Ursprungs, obwohl heutzutage eine skrupellose intellektuelle Unredlichkeit der „Solidarität mit der Dritten Welt"-Propaganda versucht, diese Errungenschaft unserer Zivilisation gegen die Europäer einzusetzen. Ich wäge meine Worte. Man kann nicht die gelegentlichen Verletzungen der Menschenrechte durch die Europäer und die systematischen Praktiken, die sie außerhalb Europas, auch an ihren Grenzen, verhöhnen, mit gleicher Elle messen. Es stimmt, dass es in den europäischen Staaten immer noch Fälle von Unterdrückung gibt, die wir zu Recht bekämpfen. Aber wir begehen mehr als bloß eine Sünde, ich würde sagen, einen Treubruch, wenn wir diese substanziellen Mängel als Vorwand benutzen, um die permanente und despotische Unterdrückung zu entschuldigen oder gar zu rechtfertigen, die von außereuropäischen Nationen methodisch ausgeübt wird. In dieser Hinsicht hat *J. F. Revel* Recht, in seinem Buch *Comment les démocraties finissent* die intellektuelle Betrügerei zu unterstreichen, die darin besteht, ohne kritisches Hinterfragen die für die Sowjets günstigsten Thesen zu vertreten.[47] Ohne auf sich selbst und seine Arbeit stolz zu sein, wird Europa sich weiter bespucken lassen.

Es reicht nicht aus, dass die Europäer wieder ihr Gefühl der Würde wiederfinden, sie müssen sich auch die Mittel geben, um diesen Aufbruch zu wagen. Eine Zivilisation behauptet sich nicht nur kulturell, sondern auch politisch. Mir scheint, dass das Wesen der Politik darin besteht, zu wissen, wie man das Schlimmste

---

47 J.F. Revel, op. Cit. S. 32.

in Betracht zieht, um es zu verhindern. Es ist nicht Aufgabe der Politiker, sich dem Besten zu widmen, d. h. sich an die Stelle von Kunst oder Moral zu setzen. Sonst werden sie dazu gebracht, die schlechteste Politik zu betreiben. Das bedeutet, dass der Politiker nicht die Mission hat, selbst Künstler zu sein. Denn es liegt in der Verantwortung des Künstlers und nicht des Politikers, ein Kunstwerk zu schaffen. Andererseits ist der Künstler, der von der Politik erwartet, dass sie ihn bestätigt, meist nur mittelmäßig. Das hindert einen Künstler nicht daran, sich politisch zu engagieren, wie *Rubens* es tat. Aber seine Ehre als Künstler hängt nicht von seiner politischen Leistung ab. Ebenso kann ein großer Politiker wie *de Gaulle* auch ein großer Schriftsteller sein. Aber er wird nicht das eine, weil er auch das andere ist. Trotz seiner *Memoiren* bleibt *Kardinal de Retz* ein erbärmlicher Politiker. Andererseits, da eine Politik unweigerlich in Symbiose mit der Zivilisation steht, die sie trägt, würde sie ihre Bestimmung verraten, wenn sie nicht die Werte schützt, die sie stützt, wenn nötig auf Kosten des Kompromisses, aber nicht auf Kosten von Kompromissen, die sie schwächen würden. Der politische Niedergang wird dadurch erkannt, dass er nicht mehr im Dienst der Zivilisation steht, die sie transzendiert, sondern versucht, die Politik anderer zu betreiben, wobei die bedauernswerteste gegenwärtige Situation darin besteht, unter dem irrigen Vorwand pluralistischer Weitsicht der Komplize ihrer Feinde zu sein.

In Anbetracht dieser Konzeption von Politik versteht es sich von selbst, dass die europäische Zivilisation keine Chance hat, der Aggressivität, der sie ausgesetzt ist, erfolgreich entgegenzutreten, wenn die Politik, die ihren Werten entspricht, diese nicht wirksam verinnerlicht.

Es ist zwar nicht die Rolle der Politik, den Platz anderer menschlicher Aktivitäten, wie Wirtschaft, Kunst oder Wissenschaft einzunehmen. Aber es gehört zur Verantwortung der Politik, die Meinungsfreiheit zu garantieren und sie zu verteidigen. Andernfalls wird die Freiheit selbst zerstört. Lassen Sie mich das erklären.

Die Autonomie der Politischen als sein Wesensmerkmal bedeutet nicht, dass die Politik soziologisch und empirisch gegenüber diesen anderen Aktivitäten gleichgültig bleiben könnte. Die Politik dient nicht ihrem eigenen Zweck, sondern der Gesellschaft, für die sie der Beschützer ist. Die Autonomie des Politischen ist eine philosophische Abstraktion, die notwendig ist, um sie zu verstehen. Aber die Politik als eine konkrete Handlung steht in ständiger Interaktion und Beeinflussung der Aktivitäten, die sie innerhalb einer bestimmten Gesellschaft zu schützen hat. Die Politik ist kein Gott, der sich seiner eigenen Kontemplation widmen würde. Unter den Bedingungen des relativen Niedergangs Europas ist es an der Politik, wenn Aufschwung und Aufbruch nicht lediglich Lippenbekenntnisse bleiben sollen, ihre Anstrengungen im Wesentlichen auf zwei Punkte zu konzentrieren. Es gibt noch andere, aber diese beiden scheinen mir wesentlich zu sein.

Der erste ist der demographische Wandel, denn die jüngsten Analysen, die nur einen langjährigen Trend bestätigen, deuten auf einen Geburtenrückgang hin, der Europa sofort in Bedrängnis bringt, wenn es überleben will. *P. Chaunu* ist angesichts einer Gleichgültigkeit, die an Sorglosigkeit grenzt, deren Auswirkungen aber mittelfristig für das Überleben der europäischen Zivilisation unerbittlich sein dürften, zu einem leidenschaftlichen Verfechter dieser Sache geworden. In diesem Punkt besteht die Gefahr, dass die Politik des Besseren unter dem Deckmantel der sogenannten sozialen Gerechtigkeit uns in den Abgrund treibt. Aufgrund der Art meiner Bedenken möchte ich den zweiten Punkt besonders hervorheben. Tatsächlich ist er mit dem vorherigen verbunden. Der Rückgang der Geburtenrate ist eines der Zeichen für den Verzicht auf das Leben, entweder um egoistisch die Gegenwart zu genießen oder aus Angst vor der Zukunft. In diesem Fall ist es Ausdruck der Weigerung, die Werte der Zivilisation, zu der wir gehören, zu verteidigen. Natürlich haben die Werte einer Zivilisation nur dann feste Bestandskraft, wenn sie gelebt werden, aber wenn wir an sie glauben, können wir nur hoffen, dass sie von Generation

zu Generation weitergegeben werden. Das Leben ist von Natur aus Übertragung und Perpetuierung. Das bedeutet: Jener vitale Antrieb, wonach das Leben nach uns weitergeht, und zwar unter Achtung jener Werte, die, wenn wir sie für vorteilhaft halten, weitergegeben werden sollten. Ich gebe zu, dass diese Überlegungen nicht einer intellektualistischen Philosophie entsprechen. Aber sie entsprechen dem scheinbar bedeutungslosen Lebensinstinkt, der der Liebe und allen unseren Vorhaben sowie dem Kampf ums Dasein Sinn verleiht. Aber was bedeutet es zu kämpfen, wenn nicht gar zu verteidigen und zu schützen, was wir als erhaltenswert erachten, indem man – wenn nötig – diejenigen bekämpft, die diese Würde bedrohen? Wenn wir glauben, dass die Werte der europäischen Zivilisation geschützt werden müssen, gibt es keine andere Möglichkeit, sie vor denen mit Waffengewalt zu schützen, die sie zu zerstören suchen.

Nichts ist naiver und soziologisch unvernünftiger, als eine Zivilisation isoliert von ihrer militärischen Macht zu verstehen. Die ganze Menschheitsgeschichte straft diese Illusion Lügen. Athen ist nicht nur die Stadt, in der *Sokrates* und *Phidias* untergebracht waren, sondern auch eine Militärmacht, die es dank des strategischen Genies von *Miltiades*, *Cimon* und *Themistokles* geschafft hat, ihre Eigenart zu bewahren. Wie könnte man den Einfluss der griechischen Zivilisation von ihrer Expansion an den Küsten Asiens, Afrikas und Italiens trennen? *Heraklit* war ein Grieche aus Milet, *Impedokles* ein Sizilianer aus Agrigento und *Aristoteles* ein Stagyrit, der ursprünglich aus Thrakien stammte. Die römische Zivilisation war nicht nur auf die Stadt Rom beschränkt, sondern breitete sich auch im Takt der militärischen Eroberungen aus. Und dann haben wir hinreichend unterstrichen, dass die europäische Zivilisation universell geworden ist, weil sie die ganze Welt erobert hat. Sollten wir diesen Imperialismus bedauern? In diesem Fall sollten wir ehrlich gesagt auch all das Wohlbefinden verurteilen, das wir genießen, nicht nur das Auto oder das Flugzeug, sondern auch die soziale Sicherheit und die Grundsätze des Völkerrechts.

Deshalb halte ich es für töricht zu behaupten, dass sich die Werte einer Zivilisation ohne materielles Fundament und ohne aggressiven Willen verteidigen lassen. Unter diesem Gesichtspunkt scheinen mir einige Pazifisten Totengräber der europäischen Zivilisation zu sein. Denn es gibt keine ethische oder religiöse Rechtfertigung dafür, die Bedeutung der militärischen Komponente in einer Zivilisation zu ignorieren. Eine Zivilisation ist ein menschliches Ganzes, sie kann nicht in Scheiben geschnitten werden, von denen einige weggeworfen werden könnten, um nur diejenigen zu genießen, die unserem Geschmack entsprechen und zwar nach einer subjektiven und willkürlichen Auswahl, die sogar vom Standpunkt einer religiösen Moral gut gemeint erscheint. Es ist wahr, dass eine Zivilisation eine Ethik definiert, aber sie ist nicht auf diese Dimension allein reduziert, denn sie umfasst alle Aspekte des Lebens und der Erfahrung, von denen einige unangenehm sind. Andernfalls wäre eine Zivilisation nur eine theoretische Philosophie im Dienst eines theologischen Hirngespinstes. Eine Religion kann jedoch nicht auf das reduziert werden, was Theologen mit ihr machen wollen, und eine Zivilisation kann nicht auf das herabgesetzt werden, was Politiker mit ihr machen wollen.

Es stimmt zwar, dass wir in der Politik das Schlimmste erwägen und uns die Mittel an die Hand geben müssen, um es abzuwehren. Aber das Schlimmste für die europäische Zivilisation wäre es, ihre Besonderheit zu verlieren: die Freiheit zur Kritik. Die unbestreitbare Tatsache ist, dass diejenigen, die sie bedrohen, über ein überlegenes militärisches Arsenal verfügen, während Europa selbst nicht in der Lage ist, sie anzugreifen. Wir müssen uns noch die Frage stellen, die für meta-großzügige Geister naiv erscheinen mag: Warum erhöht Sowjet-Russland das Volumen seiner Waffen weiter, wenn es bereits über eine mehr als furchterregende Macht verfügt? Zu welchem Zweck? Das Gesetz des Gleichgewichtes, das nichts anderes ist als die Fähigkeit zur Abschreckung, verlangt, dass sich Europa, um dieser Bedrohung zu begegnen, seinerseits bewaffnen muss, es sei denn, es verzichtet im Voraus auf die Verteidigung

der kritischen Freiheit, die sein spezifischer Geistesschatz als ursprüngliche Zivilisation unter allen Zivilisationen ausmacht. Jeder, der eine phänomenologische Auffassung von Politik hat, d. h. eine, die auf der jahrtausendealten Erfahrung der Menschheit beruht, weiß, dass der Frieden immer auf einem Gleichgewicht der Kräfte beruht. Der Frieden gründet sich also auf Angst, was Abschreckung bedeutet. Das war schon immer so, und es wird auch wahrscheinlich – trotz aller ideologischen Phantastereien – in Zukunft so sein. Abschreckung ist jedoch nur möglich, wenn beide Seiten über die gleichen – wenn auch virtuellen – Waffen verfügen. Das sind heute Atomwaffen. Folglich ist Abschreckung nur auf dieser Basis möglich, oder einer der potenziellen Feinde erklärt sich sofort damit einverstanden, letztendlich von dem anderen unterworfen zu werden.

Ich gestehe, diese Überlegungen haben nichts Verlockendes. Aber sie entsprechen jener unwiderlegbaren und unerbittlichen historischen Erfahrung, die auch die schönsten Ideen nicht auszutreiben vermögen. Meine Rolle ist nicht die eines Predigers, auch wenn die Prediger heutzutage die Kirchenkanzeln verlassen und politische Foren bestiegen haben, sondern die eines soziologischen Philosophen, der darauf achtet, was in allen Gesellschaften beobachtbar und feststellbar ist. Da die militärische Komponente einer Zivilisation innewohnt, wäre es dumm und katastrophal, wenn sich die europäische Zivilisation ihrer Verteidigungsmittel berauben würde, um Träumern einen Gefallen zu erweisen. Sie ist mit Feinden konfrontiert, die ihre Ambitionen nicht verbergen. Sie kann sich nur an das Gesetz der Feindschaft halten, das ein Gleichgewicht der Kräfte voraussetzt. Erst dann ist eine Verhandlung über die Abrüstung möglich, wobei davon ausgegangen wird, dass eine politische Verhandlung auch auf dem gegebenen Kräfteverhältnis beruht. Wer glaubt, dass seine Streitkräfte denen seiner Gegner überlegen sind, verhandelt nicht. Das heißt, er tut so, als würde er verhandeln, nur um die Debatte über die Sache zu vertagen. In diesem Sinne scheint es mir, dass die europäische Zivilisation die

größten Risiken eingeht, wenn sie aus dem unbedachten Pazifismus heraus das Gewicht des Militärs unterschätzt, das jeder Zivilisation und damit auch der europäischen Zivilisation innewohnt.

Was auch immer man sagt, so bleibt der Soldat Träger eines Geistes, genau desjenigen der Gesellschaft oder Zivilisation, für deren Verteidigung er beauftragt worden ist. In der Waffe nimmt eine Idee Gestalt an. Tatsächlich ist der Soldat nicht von der umgebenden Gesellschaft abgeschnitten. Denn wie der Intellektuelle oder der Unternehmer ist er eines ihrer Wahrzeichen. Wenn eine Gesellschaft oder Zivilisation den Kampf aufgibt, vermag das Militär, obwohl es die speziell auf den Kampf abgerichtete Organisation ist, nicht, das aufrechtzuerhalten, was der Rest der Bevölkerung aufzugeben bereit ist. So ist es beispielsweise schwer zu erkennen, wie eine kampferprobte Armee aufgebaut werden könnte, wenn sich die überwiegende Mehrheit ihrer Soldaten den Illusionen des Pazifismus verschrieben hat.

Die Einschätzung, dass sich die europäische Zivilisation auf dem Weg des Niedergangs befindet, bedeutet zwangsläufig, Vorhersagen über ihre Zukunft zu machen. Es ist klar, dass ein solcher Prozess nicht nur durch legislative Maßnahmen aufgehalten werden kann, so angemessen und genial sie auch sein mögen. Denn wenn die allgemeine Mentalität nicht mit diesen Vorschlägen übereinstimmt, sind sie zur Wirkungslosigkeit verurteilt. Wenn wir den Europäern den Glauben an ihre Zivilisation zurückgeben wollen, müssen wir ihnen die Besonderheit des Werkes ihrer Vorfahren, das gebührt fortgesetzt zu werden, verständlich machen. Wenn sie nicht von der Noblesse dieser Aufgabe überzeugt sind, werden sie nicht in der Lage sein, den Zielen ihrer Feinde den notwendigen Widerstand entgegenzusetzen. Der Niedergang hat im Allgemeinen seine Quelle in der Untreue gegenüber den Prinzipien der betreffenden Zivilisation. Für Europa lassen sich diese Prinzipien in zwei mir wesentlich erscheinenden Aspekten zusammenfassen: dem Sinn für Wahrheit und dem Sinn für Freiheit.

Das grundlegende Merkmal der europäischen Zivilisation, welches die erstaunliche Entwicklung von Wissenschaft und Technologie hervorgerufen und den kritischen und philosophischen Geist geprägt hat, liegt in der Idee der Wahrheitssuche. Keine andere Zivilisation hat jemals diesen Weg eingeschlagen, und wenn es andere Zivilisationen heute tun, dann deshalb, weil sie von Europa den Geist der methodischen Forschung, der kritischen und der vorausschauenden Untersuchung geerbt haben. Sie lebten von einer Reihe vorgefertigter Wahrheiten, die im Allgemeinen von der politisch-religiösen Macht auferlegt und die durch die Tradition aufrechterhalten wurden. Allein für die Europäer war die Wahrheit Gegenstand einer freien Prüfung und einer unbegrenzten Forschung, die Erreichtes ständig in Frage stellte. Natürlich wird man einwenden, dass dieser Geist in einigen Zivilisationen nicht ganz fehlte. Aber man kann für diese These nur den einen oder anderen fragmentarischen Versuch als Beleg anführen. Leider wird dieser Geist heute in Europa selbst unter dem Druck einer fremden Mentalität, die die Forschungsfreiheit in Europa behindert und versucht, den Menschen autoritär vorzuschreiben, was sie denken müssen, in Frage gestellt. *Lenins* Freiheit der Kritik bestand zum Beispiel nur darin, seine Gegner auf der Grundlage der marxistischen Lehre anzugreifen, die er für unbestreitbar und unfehlbar hielt und die deshalb über jeder Kritik stehen sollte. Das hat er in *Was tun?* erklärt.

Allzu oft verzichten europäische Intellektuelle darauf, den Marxismus-Leninismus und seine Folgen zu analysieren, um sich nicht dem Vorwurf des primären Antikommunismus auszusetzen. Gleichzeitig verzichten sie auf den Sinn für Wahrheit, der ihre Stärke ausmacht. So werden sie indirekt zu Komplizen eines dogmatischen und despotischen Denkens, das im Gegensatz zur europäischen Intellektualität steht. Es ist bedauerlich, dass Spezialisten für europäisches politisches Denken, mit Ausnahme von ein oder zwei Personen wie *A. Besançon*, *Lenins* Doktrin und ihre Auswirkungen bisher kaum analysiert haben. Denn sie würden feststellen,

dass er alle möglichen Techniken zur Gefangennahme und Unterwerfung des Geistes gefördert hat. Die opportunistische Lüge war immer ein Instrument der Regierung. Aber die methodisch organisierte und dauerhafte Lüge wurde erst von *Lenin* befürwortet. Diese Vorgehensweise überflutet jedoch derzeit die europäische Politik, in dem Sinne, dass zur Vertuschung einer Lüge noch größere Lügen erfunden werden, so dass die Bürger nicht in der Lage sind, mit dem erforderlichen Unterscheidungsvermögen zu urteilen. Dies ist ein echter Wundbrand, der die Möglichkeiten der Europäer verdirbt, sich der Besonderheit ihres Denkens bewusst zu werden.

Das zweite Prinzip besteht in der Bedeutung der Freiheiten (Plural). Die Freiheit im Singular ist ein letztes Ziel, eschatologischer Natur, auf die man sich häufig beruft, um diejenigen zu unterdrücken, denen sie versprochen wurde. Der Glaube an die Freiheiten ist spezifisch europäisch, weil allein die europäische Kultur eine klare Vorstellung von Transzendenz entwickelt hat. Im Gegensatz zu animistischen oder polytheistischen Zivilisationen begriff sie das Jenseits nicht als eine Erweiterung im Rahmen des Unsichtbaren der menschlichen Leidenschaften und Handlungen, also in einem Kontext, der immanent bleiben würde, da es sich nur um den Rekurs auf Dinge handelt, die menschlich sind. Die Besonderheit der europäischen Zivilisation bestand darin, sich einer Transzendenz bewusst zu werden, die sich den rein menschlichen Gesetzen entzieht, in dem Sinne, dass Gott der Einzige ist, der völlig frei ist, so dass es möglich war, Räume und Lücken in unserem Leben zu schaffen, in denen die Freiheiten untergebracht sind. Transzendenz ist keine mehr oder weniger sublimierte Addition von immanenten Charakteren, sondern eine eigene Sphäre. Die Philosophie, zum Beispiel von *Descartes*, *Kant* und sogar *Nietzsche*, kann ohne dieses Bewusstsein der Transzendenz nicht verstanden werden, was wiederum in der Anerkennung der Menschenwürde zum Ausdruck kommt. In einer auf Immanenz beschränkten Welt wird die freie Kritik zwangsläufig zu einem Fehler, der bestraft werden muss. Denn die Wahrheit kann nichts anderes sein als

das, was die Macht verkündet und die Freiheit besteht nur aus den Zugeständnissen, die die Macht gewährt.

Es sei darauf hingewiesen, dass ich Gleichheit nicht als ein Prinzip der westlichen Zivilisation bezeichne. Sie findet sich auch in anderen Zivilisationen, wo sie oft die Grundstruktur der Gesellschaft bildet, die im Namen dieses Prinzips in der Versklavung gehalten wird. Alle Individuen werden in gleichem Zustand gehalten. *Montesquieu* wies bereits darauf hin, dass „der Geist der extremen Gleichheit.... zur Despotie eines einzelnen Menschen führt“[48]. Er war daher nur für die Gleichheit vor dem Gesetz. Wir selbst haben oben betont, dass es in jeder Gesellschaft notwendigerweise gleiche und hierarchische Beziehungen gibt. Wir verirren uns, wenn wir alle sozialen Beziehungen auf Gleichheit allein reduzieren wollen, im Sinne eines modernen Egalitarismus, den einige Sozialisten befürworten. Die in diesem Sinne verstandene Gleichheit wäre sogar einer der Faktoren für den Niedergang Europas. Auf jeden Fall ist die europäische Zivilisation nicht durch Gleichheit gekennzeichnet. Denn dann würde sie sie in den Orbit anderer Zivilisationen führen. Was für sie einzigartig ist, was mit ihrem Gefühl der Freiheit übereinstimmt, ist die Gleichheit der Bürger vor dem Gesetz.

Die Zeichen, dass ein Niedergang wirklich irreparabel wäre, sind unverkennbar: Es wäre der Verlust der Bedeutung von Freiheit und Wahrheit. Europa würde nämlich seine Substanz, seine Daseinsberechtigung und seine Seele verlieren, weil es seine wesentlichen Errungenschaften aufgegeben hätte. Wir müssen in die Liste der Freiheiten auch die der Wirtschaft aufnehmen, die die Voraussetzung für den Überfluss war, den sie geschaffen hat. Es würde auch seinen kritischen Verstand und die Logik des Widerspruchs verlieren, die es ihm erlaubt, Widersprüche zwischen dem Gleichen und dem Anderen, dem Absoluten und dem Relativen,

48 Montesquieu, *L'esprit des lois, Buch VIII, Kapitel II.*

Vernunft und Erfahrung zu kontrollieren. Es sind nicht die so genannten sozialistischen Länder, die das Bild einer florierenden und gut geführten Wirtschaft oder der Offenheit für Debatten und Gegensätze vermitteln. Sollte das Unglück eintreten, entweder durch innere Zersetzung oder unter dem Einfluss bereits sehr starker äußerer Einflüsse, so würde Europa dem in der Welt immer weiter verbreiteten Gesetz der Unterdrückung unterliegen. Es wäre physisch oder geographisch und spirituell verloren. Der Rückzug in seine geografischen Grenzen unterstreicht noch mehr die Tatsache, dass es sich um eine Insel handelt, wenn man bedenkt, dass es ihm von sich aus gelungen ist, die Idee der Gerechtigkeit und der sozialen Sicherheit, die Idee einer gerechten Justiz, die unabhängigen Richtern untersteht, sowie die Einrichtung von Bibliotheken, Museen und Archiven einzuführen.

Der Böswilligkeit, welcher viele Europäer, im Allgemeinen unter dem Einfluss sozialistischer und religiöser Kreise, bereits erliegen, schafft einen Katalog der Missetaten und Mängel, derer sich Europa angeblich schuldig gemacht hat: Kapitalismus, Imperialismus, Kolonialismus usw. Es kann nicht darum gehen, Europa von diesen Anschuldigungen zu befreien, weil sie unter seiner Verantwortung zustande kamen. Aber sind sie wirklich so katastrophal, wie verkündet wird? Der Kapitalismus zum Beispiel ist, ob es einem gefällt oder nicht, die Quelle eines Überflusses, den die Welt nie gekannt hat. Er ist schlecht verteilt, aber Europa ist dafür nicht allein verantwortlich. Die Missbräuche des Kapitalismus stellen keinen ausreichenden oder relevanten Widerspruch gegen die historische Wahrheit seines Werkes dar. Es gibt Hunger in der Welt, aber er geht nicht auf die Entstehung des Kapitalismus zurück. Es ist einfach widerwärtig, diese Not dem Kapitalismus allein anzulasten. Wenn es den Ländern der Dritten Welt gelingt, wirtschaftlich zurechtzukommen, gelingt es ihnen nicht, weil sie den sozialistischen, sondern den kapitalistischen Weg gehen, die vorerst der beste Weg zur Bekämpfung der Knappheit bleibt. Wenn wir uns jedoch ausschließlich auf das Missbrauchsregister konzentrieren

wollen, sollten wir auch einen Vergleich zwischen den Ländern anstellen, die die Zwänge der Zivilisation und des europäischen Geistes akzeptieren, und den Ländern, die sie ablehnen. Auf jeden Fall würde ich gerne diejenige Zivilisation kennenlernen, die auf diesem Gebiet unfehlbar rein und makellos geblieben wäre. Es ist empfehlenswert, Anstrengungen zu unternehmen, um Fehlverhalten zu korrigieren. Aber heute stehen wir vor einer organisierten Lüge, die Länder mit dirigistischer Zwangswirtschaft, die Knappheit erzeugt und in denen es keine der Grundfreiheiten gibt, als die Pioniere der allgemeinen Emanzipation der Menschheit darstellt. Nichts verhöhnt den Geist der kritischen Wahrheit so sehr wie diese organisierte Verklärung.

Anstatt angesichts dieser künstlichen Anschuldigungen in der Defensive zu bleiben, wäre es eher angebracht, dass Europa aufgrund seiner Tradition – auch innerhalb seiner geografischen Grenzen – eine offensivere Haltung einnimmt. Die rein defensive Haltung droht es langfristig in einen schwerwiegenderen Niedergang zu stürzen, insoweit es sich durch Manöver unterminieren lässt, die es schwächen sollen, indem sie ihm Schuldgefühle einflößen. Die Welt braucht Europa noch, wenn die Menschen es für notwendig halten, dafür zu sorgen, dass die Chancen für Wahrheit und Freiheit obsiegen werden. Ein solches Vorgehen würde darüber hinaus zu seiner Sicherheit beitragen, die nicht mehr nur von Waffen, sondern auch von der Achtung der geistigen Würde abhängt.

Der europäische Genius hat in einzigartiger Weise der Welt die Errungenschaften gebracht. Es ist nicht ausgeschlossen, dass auch ein Genius des Niedergangs existieren kann. In diesem Fall gäbe es keinen Grund, den europäischen Niedergang zu beklagen, wenn er dank des Einflusses seines Geistes, seines Gefühls der Freiheit und Wahrheit mit den Enden der Welt zusammenfallen könnte. Es wäre nicht mehr ein Niedergang durch Erschöpfung, sondern durch die Erfüllung seines Schicksals.

Edition EuroPOLIS

In der Reihe „Essays zum neuen und alten Europa“ sind bisher erschienen:

Markus C. Kerber (2012):
Ein deutsch-französisches Spannungsverhältnis ? – Aus dem Briefwechsel zwischen Voltaire und Friedrich II. / Le franco-allemand à l'âge des Lumières – Extraits de la correspondance entre Voltaire et Frédéric II
deutsch/französisch,
76 Seiten, kartoniert, 14,00 €
(plus Versandkosten)
ISBN 978-3-9814942-0-4
ISSN 2193-5289

Philippe Simmonnot (2014):
Die Schuld lag nicht bei Deutschland – Anmerkungen zur Verantwortung für den Ersten Weltkrieg / Non, L'Allemagne n'était pas coupable – Notes sur les responsabilités de la Première guerre mondiale
deutsch/französisch,
132 Seiten, kartoniert, 13,90 €
(plus Versandkosten)
ISBN 978-3-9814942-3-5
ISSN 2193-5289

Ernst Nolte (2015):
„Ich bin kein Prophet“/ „Je ne suis pas un prophète“
deutsch/französisch,
64 Seiten, kartoniert, 9,00 €
(plus Versandkosten)
ISBN 978-3-9814942-4-2
ISSN 2193-5289